2022 年全国监理工程师（交通运输工程专业）职业资格考试用书

Jiaotong Yunshu Gongcheng Jianli Anli Fenxi

交通运输工程监理案例分析

（Shuiyun Gongcheng Zhuanye Pian）

（水运工程专业篇）

交通运输部职业资格中心　组织编写

人民交通出版社股份有限公司

北京

内 容 提 要

《交通运输工程监理案例分析(水运工程专业篇)》为2022年全国监理工程师(交通运输工程专业)职业资格考试用书之一。本书共十二章,主要介绍了水运工程施工监理相关规范知识点,重点介绍了码头、航道、疏浚与吹填、船闸、机电等工程的质量控制重点,以及进度、费用控制和安全、环保监理等内容。

本书可供参加全国监理工程师(交通运输工程专业)职业资格考试的水运工程技术人员复习使用,也可作为建设单位、施工单位、项目管理(监理咨询)单位和高等院校师生的学习参考书。

图书在版编目(CIP)数据

交通运输工程监理案例分析. 水运工程专业篇 / 交通运输部职业资格中心组织编写. — 北京：人民交通出版社股份有限公司, 2022.4

ISBN 978-7-114-16573-3

Ⅰ.①交… Ⅱ.①交… Ⅲ.①水路运输—运输工程—监理工作—案例—资格考试—自学参考资料 Ⅳ.①U ②U6

中国版本图书馆 CIP 数据核字(2021)第 262925 号

2022 年全国监理工程师(交通运输工程专业)职业资格考试用书

书　　　名：**交通运输工程监理案例分析**(水运工程专业篇)
著 作 者：交通运输部职业资格中心
责任编辑：刘永超　周佳楠
责任校对：席少楠
责任印制：刘高彤
出版发行：人民交通出版社股份有限公司
地　　　址：(100011)北京市朝阳区安定门外外馆斜街3号
网　　　址：http：//www.ccpcl.com.cn
销售电话：(010)59757973
总 经 销：人民交通出版社股份有限公司发行部
经　　　销：各地新华书店
印　　　刷：北京市密东印刷有限公司
开　　　本：787×1092　1/16
印　　　张：11.25
字　　　数：264 千
版　　　次：2022 年 4 月　第 1 版
印　　　次：2022 年 4 月　第 1 次印刷
书　　　号：ISBN 978-7-114-16573-3
定　　　价：50.00 元
(有印刷、装订质量问题的图书由本公司负责调换)

《交通运输工程监理案例分析（水运工程专业篇）》

编 写 人 员

主　编　周　河

副主编　文　韬

成　员　周继辉　陈海燕　徐建军　梁韶光

　　　　何建新　陈　南

审 定 人 员

主　审　李明华

成　员　刘长健　徐建军　郑　健　马立东

前　言

　　2020年2月28，住房和城乡建设部、交通运输部、水利部、人力资源社会保障部共同印发了《监理工程师职业资格制度规定》《监理工程师职业资格考试实施办法》，为满足广大工程技术人员参加监理工程师职业资格考试的备考需求，交通运输部职业资格中心组织有关院校和企事业单位的资深专家，依据《全国监理工程师职业资格考试大纲》（交通运输工程专业水运方向）的规定，编写了《交通运输工程监理案例分析（水运工程专业篇）》。

　　交通运输工程案例分析科目主要是考查考生利用自己掌握的专业知识、监理知识，依据法律法规、标准规范、合同文件等，处理监理实际工作中出现的问题的能力。监理实际工作中，一旦出现程序、质量、安全、进度等问题，在处理时一般都要应用多方面知识，因此该科目的试题一般都是多知识点的综合。

　　本书汇编了水运监理工作中常用到的知识点，主要有以下三个特点：一是紧密结合交通强国，推进建设"平安百年品质工程"，体现了新时代工程监理制度改革发展和转型的要求；二是突出了政策法规的时效性和专业知识的科学性、严谨性，突出了水运工程的知识点，依据不同的专业工程施工技术规范、质量检验评定标准编写了施工工艺、施工技术要求和监理工作内容；三是淡化了概念原理类内容，剥离了与造价工程师、试验检测师考试相重叠的知识点。

　　本书由周河主编，文韬副主编，编写人员有周继辉、陈海燕、徐建军、梁韶光、何建新、陈南。

　　本书在编写过程中，以交通运输行业标准规范为依据，并聚焦考生需求，进行了针对性的调整。考生在复习备考时，尚应以规范内容为准。本书虽经反复推敲，仍难免存在纰漏，敬请广大读者批评指正。

交通运输部职业资格中心
2022年3月

目　录

第一章 《水运工程施工监理规范》 (JTS 252—2015) 知识点

第一节 基 本 规 定

1) 监理单位应将项目监理机构的组织形式、人员构成及对总监理工程师的任命以书面形式通知建设单位。

2) 当需要对总监理工程师进行调整时,监理单位应征得建设单位同意并书面通知建设单位;当需要对专业监理工程师进行调整时,总监理工程师应提前书面通知建设单位。

3) 项目监理机构中监理人员的任职条件应符合下列规定:

(1) 总监理工程师应取得水运工程监理工程师资格,并具有 3 年及以上工程监理实践经验。

(2) 总监理工程师代表应取得水运工程监理工程师或专业监理工程师资格,并具有 2 年及以上工程监理实践经验。

(3) 专业监理工程师应具有水运工程专业监理工程师及以上资格或工程类注册执业资格。

(4) 监理员应具有中专及以上学历,熟悉本岗位现场监理工作并经监理业务培训。

4) 项目监理机构中监理人员职责应符合下列规定:

(1) 总监理工程师应履行下列职责:

① 确定项目监理机构人员、分工和岗位职责。

② 组织编写项目监理规划、审批监理实施细则。

③ 根据项目进展情况调配监理人员,指导、检查和考核监理人员的工作。

④ 组织召开项目监理工作会议。

⑤ 组织审核分包单位资格,签署意见后报建设单位审批。

⑥ 组织审查施工组织设计和施工方案。

⑦ 组织检查施工单位现场质量、安全生产和施工环境保护管理体系的建立及运行情况。

⑧ 对现场进行巡视检查,掌握工程实施及现场监理工作情况,及时发布监理指令。

⑨ 组织审查开、复工报审表,签发工程开工令、工程暂停令和工程复工令。

⑩ 组织审核施工单位的付款申请、签发工程款支付证书,按合同约定组织审核工程结算。

⑪ 根据建设单位授权,组织审核和处理工程变更。

⑫ 参与调解建设单位与施工单位的合同争议,参与处理费用与工期索赔事宜。

⑬ 组织分部工程验收,审查施工单位的交工验收申请,协助建设单位进行交工验收,参加工程项目竣工验收。

⑭ 参与、配合对工程质量、安全和环境污染事故的调查和处理。

⑮组织编写监理日志、监理工作月报、工程质量评估报告、项目监理工作总结报告。

⑯组织项目监理资料的整理、归档工作。

⑰根据合同授权签发缺陷责任期终止证书。

(2)总监理工程师代表应按照总监理工程师的授权履行相应职责,但总监理工程师不得将下列工作授权总监理工程师代表:

①组织编制监理规划,审批监理实施细则。

②组织审查施工组织设计和施工方案。

③签发工程开工令、工程暂停令、工程复工令。

④签发工程款支付证书,组织审核工程结算。

⑤组织审核工程变更、工程延期、费用索赔文件。

⑥审批施工单位涉及质量、安全和施工环境保护重大隐患的整改文件。

⑦审查施工单位的交工验收申请,协助建设单位进行交工验收,参加工程项目竣工验收。

⑧签发缺陷责任期终止证书。

(3)专业监理工程师应履行下列职责:

①参与编制监理规划,负责编制本专业监理实施细则。

②负责本专业监理工作的实施,通过巡视、旁站、平行检验等手段,掌握本专业工程实施情况,及时发布监理指令,指导、检查监理员的工作。

③及时向总监理工程师汇报本专业工程实施及监理工作情况。

④审查涉及本专业的专项技术方案,审查签认施工单位提交的涉及本专业的工程资料。

⑤协助审查分包单位资格。

⑥对进场材料、设备、构配件进行检查验收。

⑦负责本专业隐蔽工程验收、检验批及分项工程验收,对相关工程资料进行审核签认。

⑧发现质量、安全和施工环境保护问题或隐患及时提出整改要求并督促处理,必要时向总监理工程师报告。

⑨负责本专业的工程计量工作,审核工程计量的数据和原始凭证。

⑩参与审核工程变更、工程延期和费用索赔。

⑪负责本专业有关监理资料的收集、汇总及整理。

⑫做好监理日记,参与编写监理工作月报、工程质量评估报告和项目监理工作总结报告。

⑬参加交工验收。

(4)监理员应履行下列职责:

①在专业监理工程师的指导下开展现场监理工作。

②检查施工单位投入工程项目的人力、材料、主要设备及其使用、运行状况,并做好检查记录。

③复核并签认施工单位工程计量的原始凭证。

④按施工组织设计、施工方案、设计图纸及有关标准,对施工工序进行检查和记录。

⑤承担旁站工作,填写相关记录,对旁站中发现的质量、安全和施工环境保护问题或隐患,及时要求施工单位整改,并向专业监理工程师汇报。

5)项目监理机构的设施、设备、工器具配备应符合下列规定:

(1)监理单位应按施工监理合同约定为项目监理机构配备办公、生活设施和通信、交通工具,但不包括水上施工现场监理工作所需的交通工具和生活设施。

(2)建设单位向项目监理机构提供的办公、生活设施,项目监理机构应妥善使用和保管,监理工作完成后应移交建设单位。

(3)项目监理机构应按施工监理合同的约定,配备满足现场监理工作需要的常规检测设备和工具。

(4)项目监理机构应在现场设置工地试验室,或委托有相应资质的检测机构进行平行检验。

6)项目监理机构对施工单位提交的各类文件进行审查审批时,监理人员对文件的签署权限应符合其职责规定。

7)施工监理工作中,监理单位和施工单位常用表的格式应符合附录 A、附录 B 的规定和现行 JTS 257❶ 的有关规定。

第二节 施工准备期监理

一、一般规定

1)项目监理机构应结合工程项目特点、规范要求和合同约定编制监理规划和监理实施细则。

2)监理规划的编制应符合下列规定:

(1)监理规划应由总监理工程师组织专业监理工程师编制,经监理单位技术负责人审批后,报送建设单位。

(2)监理规划应在第一次工地会议召开之前完成。

(3)监理规划应包括下列主要内容:

①工程项目概况;

②监理工作依据;

③监理工作范围和内容;

④监理工作目标;

⑤项目监理机构组织形式、岗位职责和人员进场计划;

⑥监理工作制度;

⑦监理工作程序;

⑧监理工作方法及控制措施;

⑨监理设施。

(4)在监理工作实施过程中,如实际情况或条件发生重大变化而需要调整监理规划时,应由总监理工程师组织专业监理工程师修改,经监理单位技术负责人重新审批后报送建设单位。

---

❶ 本书所指 JTS 257 为《水运工程质量检验标准》(JTS 257)。

3)监理实施细则的编制应符合下列规定:

(1)监理实施细则应由专业监理工程师编制,经总监理工程师审批后实施。

(2)监理实施细则应符合监理规划的要求,结合专业工作特点,具有可操作性。监理实施细则应在相应工程开始前编制完成。

(3)监理实施细则应包括下列主要内容:

①专业工程特点;

②监理工作内容;

③监理工作程序;

④采用的控制标准;

⑤监理控制要点及措施;

⑥监理记录要求。

(4)项目监理机构应对下列工程编制专项监理实施细则:

①危险性较大的工程;

②采用新技术、新工艺、新材料和新设备的工程;

③专业性强、技术复杂、施工难度大,且施工单位编制了专项施工方案的工程。

(5)在工程实施过程中,如遇施工条件、施工方案或工艺发生重大变化,项目监理机构应根据变化情况对监理实施细则做相应调整,并经总监理工程师重新审批后实施。

二、施工准备监理

1)监理人员应参加设计交底会,项目监理机构对设计文件的意见和建议应通过建设单位向设计单位书面提出。

2)项目监理机构应参加由建设单位组织的对单位工程、分部工程、分项工程和检验批的划分,并应根据确定的划分结果进行工程质量控制和质量检验。

3)项目监理机构对施工组织设计的审核应符合下列规定:

(1)施工组织设计审核应包括下列主要内容:

①施工组织设计编制和审查程序;

②施工方案及技术措施;

③质量、安全生产与施工环境保护管理体系;

④保证施工质量、安全生产的措施及施工环境保护措施;

⑤施工进度计划及劳动力、设备、材料等资源配备计划;

⑥施工总平面布置;

⑦临时工程的施工方案。

(2)施工组织设计审核意见,应经总监理工程师签认后报送建设单位审批。施工组织设计报审表应符合现行 JTS 252 第 B.0.2 条的规定。

(3)对规模较大、施工工艺复杂、不具备一次性编制完成施工组织设计条件的工程,经总监理工程师同意,其施工组织设计可分阶段编制报审。

(4)当有分包工程时,在其开工前,项目监理机构应审核分包单位资格,经总监理工程师签署审核意见后,报送建设单位审批。分包单位资格报审表应符合现行 JTS 252 第 B.0.3 条的规定。

4)项目监理机构对分包单位资格的审查应包括下列主要内容:

(1)拟分包工程的内容和范围;

(2)分包单位营业执照、企业资质等级证书、安全生产许可文件等;

(3)分包单位管理人员及专业人员资格;

(4)分包单位的业绩;

(5)施工单位对分包单位的管理措施。

5)项目监理机构对施工单位工地试验室的审查应符合下列规定:

(1)当施工单位自行建立工地试验室时,对施工单位工地试验室的审查应包括下列主要内容:

①工地试验室在工程所在地的水运工程质量监督机构备案登记情况;

②工地试验室的母体资质、授权开展的试验检测项目、试验人员的资格等情况;

③工地试验室试验设备的规格、数量及计量检定情况;

④工地试验室场地、环境情况;

⑤工地试验室管理制度。

(2)当施工单位拟将试验或检测工作对外委托时,审查应包括下列主要内容:

①拟委托试验检测单位的营业执照、资质证书、计量认证证书;

②资质证书核定的试验或检测范围是否涵盖拟委托的试验检测科目。

6)项目监理机构组织测量控制点的移交应符合下列规定:

(1)项目监理机构应在合同约定的期限内,组织将建设单位提供的测量控制点及其书面资料向施工单位进行移交,并办理相关手续。

(2)项目监理机构应督促施工单位对建设单位提供的测量控制点进行复核,对施工单位复核测量成果进行审核。

(3)建设单位提供的测量控制点资料有误时,项目监理机构应通知建设单位予以更正。

7)第一次工地会议应在工程开工前进行。第一次工地会议应由项目监理机构组织召开,建设单位主持。建设单位代表、施工单位项目负责人、总监理工程师及相关人员应出席会议。

8)第一次工地会议应包括下列主要内容:

①参建单位介绍各自驻现场的项目组织机构、人员及分工。

②建设单位宣布对总监理工程师的授权。

③建设单位介绍工程开工准备情况。

④施工单位介绍施工准备情况。

⑤建设单位代表和总监理工程师对施工准备情况提出意见和要求。

⑥总监理工程师介绍监理规划的主要内容。

⑦明确参建单位沟通协调机制和要求。

9)总监理工程师应组织专业监理工程师审查工程开工报审表及相关材料,具备开工条件时,应由总监理工程师签署意见,并报送建设单位审批后,总监理工程师签发工程开工令。

10)工程开工应具备下列条件:

(1)设计交底和图纸会审已完成。

(2)施工组织设计已审批。

(3)基准点、施工基线和水准点已核验合格。

(4)施工单位现场管理人员已到位,设备、施工人员等已按需进场,必要的工程材料已落实。

(5)进场道路及水、电、通信等已满足开工要求。

(6)现场质量、安全生产和施工环境保护管理体系已通过项目监理机构审核。

(7)已取得有关主管部门的施工许可。

第三节　施工期监理

一、工程质量控制

1)项目监理机构在施工期的工程质量控制工作应包括下列主要内容:

(1)施工方案审核签认。

(2)分项工程开工条件核查。

(3)施工测量成果核查。

(4)原材料、构配件与设备质量控制。

(5)施工现场监督管理。

(6)工程质量检查验收。

(7)工程质量事故调查处理。

(8)工程交工验收。

2)项目监理机构应对施工单位报审的施工方案进行审核,并应符合下列规定:

(1)施工方案审核应包括下列主要内容:

①施工方案的编制和审查程序;

②施工工艺的可行性;

③施工质量保证体系和质量保证措施。

(2)采用新技术、新工艺、新材料、新设备的工程的专项施工方案审核时,项目监理机构应要求施工单位提供证明其达到设计与质量验收标准的有关材料;必要时,应要求施工单位组织专题论证。

(3)在工程实施过程中,若施工单位对已审批的施工方案进行调整,项目监理机构应要求施工单位在调整实施前重新报审。

(4)施工方案的审核意见,应经总监理工程师签认后报送建设单位审批。

3)项目监理机构对分项工程开工控制应符合下列规定:

(1)分项工程开工前,总监理工程师应组织专业监理工程师审查施工单位报送的分项工程开工报审表及相关资料,符合条件的,总监理工程师应批准开工。

(2)项目监理机构对分项工程的开工审核及要求应满足下列主要条件:

①施工方案或专项施工方案已审核签认。

②管理人员已到位。

③劳动力按计划已进场。

④船舶、机械设备及仪器已准备齐全。

⑤必要的施工材料已备齐。

⑥上道工序已验收合格。

(3)分项工程开工报审表应符合现行 JTS 252 第 B.0.5 条的规定。

4)项目监理机构对施工测量成果的核查应符合下列规定:

(1)对施工测量成果的核查应包括下列主要内容:

①测量人员配备及岗位证书;

②施测仪器配备及检定证书;

③施工测量方案;

④基准点引测成果;

⑤施工测量控制网与施工基线测设成果;

⑥施工测量放线和测量成果。

(2)项目监理机构应对施工测量控制网与施工基线测量成果进行审核和现场复测。对于施工条件复杂或有特殊要求的工程,项目监理机构可建议建设单位委托第三方进行复测。

5)项目监理机构对原材料、构配件和设备的检查验收应符合下列规定:

(1)在原材料、构配件和设备订货前,项目监理机构应要求施工单位提供生产厂家相关资质材料,必要时应对生产厂家进行考察。

(2)项目监理机构应查验由施工单位提供的进场原材料、构配件和设备的质量证明文件;对新材料、新产品应核查鉴定证明和有关确认文件;进口材料和设备还应核查国家商检部门的商检资料。

(3)项目监理机构应组织施工单位对进入施工现场的原材料、构配件和设备的数量、规格、型号、外观等进行检查验收。

(4)项目监理机构应要求施工单位按质量检验标准、设计和施工合同要求对进场原材料、构配件和设备进行抽样检验。

(5)项目监理机构应按现行 JTS 257 的要求进行见证取样或平行检验,平行检验频次应为施工单位抽样检验频次的 5%~10%。

(6)项目监理机构应审核施工单位报送的材料、构配件和设备报验表并签署意见。

(7)未经项目监理机构验收或验收不合格的材料、构配件和设备,项目监理机构应拒绝签认,同时签发监理通知单,要求施工单位严禁在工程中使用或安装,并限期将经验收不合格的材料、构配件和设备清退出现场,并在完成相关工作后,向项目监理机构报送相应的监理通知回复单,项目监理机构应进行复查并签署意见。

(8)项目监理机构对材料、构配件质量有异议时,应要求施工单位做进一步检验,必要时,监理人员可自行取样,送符合资质要求的检测机构进行检验,经检验质量合格时,由此产生的费用由建设单位承担;不合格时,应要求施工单位立即整改,由此产生的费用由施工单位承担。

(9)项目监理机构应对施工单位报送的混凝土配合比、砂浆配合比试验资料进行审核,配合比经项目监理机构批准后,施工单位方可使用。

6)项目监理机构应通过巡视、旁站、见证取样和平行检验等手段对施工现场进行监督管理,对工程质量进行控制。

7)项目监理机构巡视应符合下列规定:

(1)监理工程师应对工程现场进行巡视,巡视应重点检查下列主要内容:

①施工是否符合设计文件、施工规范和批准的施工方案的要求。

②使用的材料、构配件和设备是否经检验合格。

③施工现场管理人员,尤其是质量检查人员是否在岗。

④现场施工人员操作是否规范。

⑤特种作业人员是否持有上岗证书。

⑥施工环境是否对工程质量产生不利影响。

⑦已施工部位是否满足质量标准和设计要求。

(2)对巡视发现的问题、处理意见和处理结果等,项目监理机构应如实记录在监理日志上。监理日志的格式应符合现行 JTS 252 第 A.0.4 条的规定。

8)项目监理机构旁站应符合下列规定:

(1)对完工后无法或难以进行检验并确认其质量的工序或部位施工,项目监理人员应进行全过程旁站。

(2)监理规划或监理实施细则中应明确旁站项目,专业监理工程师应对旁站人员进行书面交底,书面交底应包括下列主要内容:

①旁站项目概况;

②旁站执行的检验标准及其检验项目、方法和控制指标;

③旁站主要工作内容和要求;

④旁站记录填写要求。

(3)旁站交底文件应经总监理工程师审批,专业监理工程师和旁站人员应在旁站书面交底记录上签字。

(4)旁站监理人员应填写旁站记录表,主管专业监理工程师应对旁站记录进行审阅签认。

9)项目监理机构对质量问题或质量隐患的处理应符合下列规定:

(1)项目监理机构发现施工存在质量问题或质量隐患时,应及时签发监理通知单,要求施工单位整改,整改完毕后应向项目监理机构报送相应的监理通知回复单,项目监理机构应进行复查并签署意见。

(2)发现施工存在重大质量隐患时,总监理工程师应及时下达工程暂停令,要求施工单位采取措施,消除质量隐患,施工单位无正当理由拒不执行监理指令或不按指令要求进行整改的,项目监理机构应及时向建设单位书面报告,并有权拒绝进行工程计量。

(3)对施工单位整改完成后上报的复工报审材料,项目监理机构应进行复查,复查符合要求的,总监理工程师应及时签发工程复工令。

10)隐蔽工程验收应符合下列规定:

(1)项目监理机构应要求施工单位在隐蔽工程自检合格后报送隐蔽工程报验表。

(2)项目监理机构应在约定的时限内派人到现场进行检查验收并在隐蔽工程验收记录上签署验收意见。

(3)对检验合格的隐蔽工程,项目监理机构应同意隐蔽并准许施工单位进行下一道工序施工;对检验不合格的隐蔽工程,应要求施工单位进行整改,整改后应重新报验。

(4)隐蔽工程未经项目监理机构验收或检验不合格的,施工单位不得覆盖。

11)项目监理机构对工程质量检验应符合下列规定:

(1)施工单位自检合格后,向项目监理机构报验时,项目监理机构应在合同约定的时限内组织检验,工程质量检验应包括实物检查和资料检查两部分。

(2)检验批及分项工程完工,施工单位自检合格后应填写相应的质量检验记录,并向项目监理机构报验,专业监理工程师应组织施工单位专职质量检查人员、分项工程技术负责人等进行检验,检验合格后签认相应的质量检验记录。

(3)分部工程完工,施工单位应在该分部工程所有分项工程检验合格后,及时向项目监理机构报验,总监理工程师应及时组织施工单位项目负责人和技术、质量负责人等进行检验,检验合格后签认分部工程质量检验记录。

(4)对检验不合格的工程,项目监理机构应要求施工单位进行整改,整改后应重新报验。

(5)单位工程完工后,总监理工程师应参加由建设单位组织的单位工程质量检验,检验合格后签认单位工程质量检验记录。

12)项目监理机构对工程质量事故的处理应符合下列规定:

(1)发生工程质量事故时,总监理工程师应立即向施工单位下达工程暂停令,责令施工单位采取保护事故现场、积极抢救人员和财产、防止事故扩大的相关措施,并按有关规定上报。

(2)项目监理机构应积极配合有关部门进行工程质量事故调查、事故原因分析,参与或配合事故处理。

(3)项目监理机构应监督施工单位按批准的方案对事故工程部位进行处理,并应按规定检查验收。

13)交工验收时,项目监理机构的工作应符合下列规定:

(1)项目监理机构应在约定的时限内对施工单位提出的工程交工验收申请进行审查。

(2)项目监理机构审查后认为具备交工验收条件的,应报请建设单位组织交工验收。

(3)项目监理机构审查后认为不具备交工验收条件的,应提出需要整改的内容,要求施工单位整改完成后重新提出交工验收申请。

(4)项目监理机构应协助建设单位组织工程交工验收,参加工程交工验收会议,验收通过后会同相关各方签署交工验收证书。

二、工程进度控制

1)项目监理机构对工程施工进度计划的审核应符合下列规定:

(1)项目监理机构应审核施工单位报送的工程施工总进度计划,经总监理工程师签署审核意见,报送建设单位批准后实施。

(2)专业监理工程师应对施工单位报送的年度、季度、月度等阶段性工程施工进度计划进行审核,签署审核意见,经总监理工程师批准后实施。

(3)项目监理机构对工程施工进度计划的审核应包括下列主要内容:

①与合同工期、阶段性目标的响应性与符合性;

②工序间衔接的合理性;

③劳动力、船机、材料、施工设备等资源配置的充分性；

④与其他相关项目计划的协调性；

⑤进度计划完成的可行性及防范措施；

⑥要求建设单位提供施工条件的合理性。

2）项目监理机构对工程施工进度计划的过程控制应符合下列要求：

（1）监理人员应对施工单位资源投入、工程是否按计划进行等工程实施进展情况进行跟踪检查，并做好相关记录。

（2）项目监理机构应按建设单位项目管理要求审核与工程进度有关的报表，并将工程实际进度与计划进度进行比较和分析。

（3）当实际进度与计划进度出现实质性偏差时，项目监理机构应督促施工单位及时采取相应的整改措施；当关键路线工期滞后时，总监理工程师应签发监理通知单，要求施工单位采取保证合同工期的措施，并向项目监理机构报送相应的监理通知回复单，项目监理机构应检查有关措施的落实情况并签署意见。监理通知单应符合现行 JTS 252 第 A.0.3 条的规定，监理通知回复单应符合现行 JTS 252 第 B.0.8 条的规定。

（4）项目监理机构应通过工地例会、有关工程进度的专题会议等形式，协调解决影响工程进度的有关问题。

3）项目监理机构对施工单位调整工程施工进度计划的管理应符合下列规定：

（1）当施工单位需要对工程施工进度计划进行调整时，项目监理机构应要求施工单位报送调整后的工程施工进度计划并予以审核，并经建设单位批准后实施。

（2）对非施工单位原因造成的工程延期，在获得延期批准后，项目监理机构应要求施工单位根据延期批复报送调整后的工程施工进度计划并予以审核，经建设单位批准后实施。

（3）由于施工单位原因造成工程进度延误，在总监理工程师签发监理通知单后，施工单位未有明显改进，可能导致工程难以按合同节点工期或总工期要求完成时，项目监理机构应及时向建设单位提交书面报告，并按合同约定处理。

三、工程费用控制

1）项目监理机构的工程计量控制应符合下列规定：

（1）工程计量的方法和时限应按合同文件约定执行。

（2）专业监理工程师应按合同文件约定核实和签认实际完成的工程量。

（3）项目监理机构对施工单位填报的工程量有异议时，应要求施工单位在合同约定的时限内与专业监理工程师共同核实，施工单位不按要求参加核实的，以项目监理机构审核签认的工程量为准。

（4）质量验收不合格、报验资料不全或与合同文件约定不符的工程不得计量。

2）项目监理机构对工程款支付的管理应符合下列规定：

（1）总监理工程师应组织专业监理工程师审查施工单位的工程款支付申请，审核后签发工程款支付证书，报送建设单位核准支付。

（2）工程进度款的支付应以当期的工程计量为依据，并应包含经项目监理机构和建设单位审核签认的当期工程变更和索赔费用。

(3)工程款支付报审表应符合现行 JTS 252 第 B.0.15 条的规定,工程款支付证书的格式应符合现行 JTS 252 第 A.0.9 条的规定。

3)项目监理机构的工程变更费用控制应符合下列规定:

(1)项目监理机构应从项目使用功能、工程质量、安全、费用和工期等方面审核工程变更实施方案,对施工单位报送的工程变更费用进行审核。在工程变更实施前,应与建设单位、施工单位按合同约定确定或协商变更工程的计价原则、计价方法和价款。

(2)对采用计日工计价的任何一项变更工作,在实施过程中,项目监理机构应派人监督管理并做好记录,对施工单位提交的计日工报表和相关凭证每天进行复核签认,对发生的费用进行审核签认,并报送建设单位审批后列入工程进度款支付。

四、施工安全监理

1)项目监理机构应将安全监理内容纳入监理规划,并应单独编制安全监理实施细则,安全监理实施细则应包括下列主要内容:

①安全监理工作内容;

②安全监理工作目标;

③项目监理机构监理人员安全监理职责;

④安全监理工作程序;

⑤安全风险分析、隐患排查及监理控制措施;

⑥安全监理资料。

2)项目监理机构对施工组织设计和专项施工方案中安全技术措施的审核应符合下列规定:

(1)项目监理机构应对施工组织设计中的安全技术措施与工程建设强制性标准的符合性进行审核。

(2)对危险性较大的分部分项工程,项目监理机构应要求施工单位按规定编制并报送专项施工方案,并附安全验算结果,必要时应要求施工单位进行安全风险评估,并附专家论证意见。专项施工方案应经项目监理机构审核并报送建设单位批准后实施。

(3)项目监理机构应审查施工单位报送的安全生产应急预案,安全生产应急预案应经施工单位安全部门负责人和技术负责人审批。

3)工程开工前,项目监理机构应检查施工单位的现场安全生产管理体系,并由总监理工程师签署检查意见。

4)对分包工程,项目监理机构应按现行 JTS 252 第 5.4.5 条的规定对分包单位安全生产管理体系进行审查,并检查施工单位和分包单位之间的施工安全生产协议书,检查施工单位对分包单位的安全管理情况。

5)项目监理机构应对工程项目按规定办理的水上水下施工作业许可证、航行通告等相关手续情况进行核查。

6)项目监理机构对进场施工的大、中型施工机械和船舶设备的控制应符合下列规定:

(1)项目监理机构应要求施工单位报送拟进场施工的大、中型施工机械和船舶设备资料并予以审查,对设备实物与资料符合情况进行核查,经项目监理机构审核同意后,施工单位方

可进场使用。

（2）项目监理机构对大、中型施工机械和船舶设备的审核应包括下列主要内容：

①设备的有效证书或有效的检验合格证明文件；

②设备操作人员资格证书；

③船机设备作业区域是否为核定的适航区；

④相应的救生、消防、通信等安全配套设施的配备是否符合相关规定。

（3）项目监理机构应对大、中型施工机械和船舶设备及现场主要临时设施的日常维护保养记录进行检查。

（4）大、中型施工机械和船舶设备在完成相应的施工任务后，项目监理机构应督促施工单位及时上报退场申请。

（5）法律法规规定需办理安全许可验收手续的施工机械和设施，项目监理机构还应核查施工单位履行相关手续的证明文件。

7）安全监理工程师应采取巡视的方式对现场施工安全进行监督管理，对危险性较大的部位或工序施工应加强巡视。巡视应包括下列主要内容：

（1）施工单位专职安全生产管理人员到岗情况；

（2）施工单位按已批准的施工组织设计或专项施工方案组织施工的情况；

（3）现场安全标志、标识、安全防护设施、用电、消防等安全技术措施符合工程建设强制性条文规定及落实情况；

（4）现场作业执行安全施工标准、规章制度和操作规程的情况；

（5）作业人员按规定佩戴与使用安全防护用具情况；

（6）核查现场特种作业人员持有上岗证书情况。

8）安全监理工程师应检查下列施工单位安全生产管理记录：

（1）进场作业人员安全教育培训记录；

（2）安全生产技术交底记录；

（3）现场安全检查和整改复查记录；

（4）安全生产会议记录。

9）项目监理机构应对施工单位安全生产应急预案的人员构成、应急救援器材与设备配备及定期组织演练情况进行监督检查，并应参加建设单位或施工单位组织的应急演练。

10）安全监理工程师应将施工安全监督检查情况按时记入安全监理日志，总监理工程师或总监理工程师代表应对安全监理日志进行审阅并签认，安全监理工程师应对安全监理行为进行记录并建立台账。安全监理日志的格式应符合现行 JTS 252 第 A.0.11 条的规定。

11）安全监理工程师应参加工地例会及与安全监理有关的专题会议，会上应对施工单位安全生产管理情况进行评述，对施工单位安全管理工作提出要求。

12）项目监理机构发现施工存在安全问题或安全事故隐患时，应及时签发监理通知单，要求施工单位整改；情况严重的，总监理工程师应下达工程暂停令，并及时报告建设单位。

13）对施工单位整改完成后上报的工程复工报审材料，项目监理机构应组织进行复查，复查符合要求的，总监理工程师应及时签发工程复工令。

14）施工单位无正当理由拒不执行监理指令或不按指令要求进行整改的，项目监理机构

应及时向建设单位或有关主管部门书面报告,并有权拒绝计量支付审核。

15)项目监理机构应单独编制安全监理工作月报或在监理工作月报中编入安全监理工作的有关内容。

16)项目监理机构对安全事故的处理应符合下列规定:

(1)发生安全事故时,总监理工程师应立即向施工单位下达工程暂停令,并责令施工单位采取措施,积极抢救人员和财产,防止事故扩大,同时向建设单位和有关主管部门报告。

(2)项目监理机构应积极配合有关部门进行安全事故调查和事故原因分析,参与并配合事故处理。

五、施工环境保护监理

1)项目监理机构应设置环境保护监理工程师岗位,环境保护监理工程师可由专业监理工程师兼任。

2)项目监理机构应对施工单位编制的施工环境保护方案及措施进行审核,审核应包括下列主要内容:

(1)施工环境保护内容;

(2)施工环境保护管理人员职责和管理制度;

(3)施工合同责任范围内各类污染防治措施和生态保护、水土保持措施;

(4)施工环境保护效果的检测与监测手段;

(5)环境污染事故应急处理措施。

3)项目监理机构应编制施工环境保护监理实施细则,经总监理工程师批准后实施,施工环境保护监理实施细则应包括下列主要内容:

(1)施工环境保护监理依据;

(2)施工环境保护监理工作目标;

(3)施工环境保护监理工作内容;

(4)施工环境保护监理人员职责;

(5)施工环境保护监理工作程序;

(6)施工环境保护监理重点及措施;

(7)施工环境保护监理资料。

4)项目监理机构应采取巡视的方式对施工单位施工环境保护措施的实施进行监督管理,重点污染环节应加强检查,检查应包括下列主要内容:

(1)施工环境保护方案中污染防治措施的落实情况;

(2)生态保护、水土保持措施落实情况;

(3)污染物处理设施的运行维护情况。

5)项目监理机构应检查下列施工单位施工环境保护管理记录:

(1)进场作业人员施工环境保护教育培训记录;

(2)施工环境保护交底记录;

(3)施工环境保护措施检查及整改复查记录;

(4)施工单位对施工环境保护措施执行情况的记录。

6)施工中未按要求落实施工环境保护措施时,项目监理机构应视情况签发监理通知单要求施工单位整改,并对整改结果进行复查;情况严重的,总监理工程师应下达工程暂停令,并及时报告建设单位。

7)施工单位无正当理由拒不整改或者不停止施工的,项目监理机构应书面报告建设单位,并有权拒绝计量支付审核。

8)项目监理机构应将施工环境保护措施的落实情况、巡视检查发现的问题及整改结果复查等情况及时记录在监理日志中,监理工作月报、监理工作总结报告中应有施工环境保护监理工作的内容。

9)项目监理机构对发生重大环境污染或生态破坏事故的处理应符合下列规定:

(1)总监理工程师应立即下达工程暂停令,并责令施工单位采取措施,防止环境污染或生态破坏事故扩大,同时向建设单位和有关主管部门报告。

(2)项目监理机构应配合有关部门对环境污染或生态破坏事故进行处理。

六、工地会议

1)工地例会应按第一次工地会议明确的时间、地点、会议周期和参会人员要求,在施工期内定期召开,会议应由总监理工程师或总监理工程师代表主持。工地例会应包括下列主要内容:

(1)检查上次例会会议纪要落实情况,分析未落实的原因。

(2)检查工程进度情况,确定下一阶段进度目标。

(3)检查工程质量情况,分析工程质量和工程技术方面的有关问题。

(4)检查分析安全生产、施工环境保护措施落实情况。

(5)讨论工程费用核定及工程款支付中的有关问题。

(6)研究解决需要协调的有关事项。

(7)明确下一阶段工作要求及存在问题的改正措施。

2)专题会议应符合下列规定:

(1)项目监理机构应根据工程需要、有关单位提议或要求,组织召开专题会议,及时协调或研究解决施工中出现的涉及工程质量、进度、安全、施工环境保护、变更、索赔、争议等方面的专项问题。

(2)专题会议应由总监理工程师、总监理工程师代表或专业监理工程师主持,施工单位及相关方代表和有关人员应参加会议,必要时可聘请有关专家参加会议。

第四节　缺陷责任期监理

1)施工单位责任造成的工程质量缺陷,致使某项工程或工程设备不能按原定目标使用的,项目监理机构应予以确认并责成施工单位进行修复或处理。

2)非施工单位责任造成的工程质量缺陷,项目监理机构应协助建设单位组织工程修复,并应对修复施工单位报送的修复工程费用进行协商和审核确认。

3)项目监理机构应对工程质量缺陷的修复方案进行审查,并监督施工单位按批准的施工

计划组织实施,修复完成后应按有关规定进行验收。

第五节 合同管理

1)项目监理机构对工程暂停及复工的管理应符合下列规定:

(1)在发生下列情况之一时,总监理工程师应下达工程暂停令:

①建设单位确定暂停施工的;

②施工单位未经批准擅自施工或拒绝项目监理机构管理的;

③施工单位违反工程建设强制性标准或合同约定需要进行停工处理的;

④施工存在重大质量、安全、施工环境保护事故隐患或发生相应事故的;

⑤发生了必须暂停施工的紧急事件的。

(2)总监理工程师下达工程暂停令应征得建设单位同意,在紧急情况下未能事先报告的,应在事后及时向建设单位作出书面报告。总监理工程师在下达工程暂停令时,应明确停工范围。

(3)工程暂停时,项目监理机构应如实记录所发生的实际情况。

(4)由于非施工单位原因导致工程暂停的,总监理工程师应在工程暂停原因消失,具备复工条件时,征得建设单位同意后,及时签发工程复工令。

(5)由于施工单位原因导致工程暂停,施工单位申请复工的,项目监理机构应组织对施工单位报送的复工申请材料进行核查,签署审核意见,具备恢复施工条件的,应征得建设单位同意后及时签发工程复工令。

(6)总监理工程师在工程暂停后,应会同有关各方按照合同约定,处理因工程暂停引起的与工期、费用等有关的问题。

2)项目监理机构对工程变更的处理应符合下列规定:

(1)项目监理机构应审查施工单位提出的工程变更申请,提出审查意见。对涉及工程设计文件修改的工程变更,应由建设单位转交原设计单位修改工程设计文件。必要时,项目监理机构应建议建设单位组织设计、施工等单位召开论证工程设计修改方案的专题会议。

(2)项目监理机构应对工程变更费用进行审核,提出意见并报送建设单位审批,根据合同授权,代表或协助建设单位就变更工程涉及的费用与施工单位按合同条款进行协商或确认。

(3)建设单位和施工单位未能就工程变更费用达成一致的,项目监理机构应提出一个暂定价格并经建设单位同意,作为临时支付工程进度款的依据,该项工程款在工程结算时,应按建设单位和施工单位最终达成的协议调整。

(4)工程变更按合同相关程序经设计确认或经建设单位审批同意后,应由项目监理机构向施工单位发出工程变更指示。

3)项目监理机构对费用索赔的处理应符合下列规定:

(1)项目监理机构受理施工单位提出的费用索赔应同时满足下列条件:

①索赔事件造成了施工单位直接经济损失。

②索赔事件是非施工单位的责任。

③施工单位已按照施工合同约定的期限和程序提出费用索赔申请。

(2)施工单位应在施工合同约定的期限内向项目监理机构提交对建设单位的费用索赔意

向通知,索赔意向通知的格式应符合规定。

(3)总监理工程师应指定专业监理工程师收集与索赔有关的资料。

(4)施工单位应在施工合同约定的期限内向项目监理机构提交对建设单位的费用索赔报审表,并附有索赔凭证材料。费用索赔报审表应符合现行 JTS 252 第 B.0.20 的规定。

(5)总监理工程师应在施工合同约定的期限内对索赔费用进行审核,签署审核意见报建设单位审批,或发出要求施工单位补充提交有关索赔详细材料的通知。

(6)总监理工程师应根据合同授权代表或协助建设单位就索赔费用与施工单位进行协商,达成一致后三方共同签认费用索赔确认书。

(7)当施工单位的费用索赔要求与工程延期要求相关联时,总监理工程师应综合费用索赔和工程延期提出审核意见报建设单位。

(8)由于施工单位原因造成建设单位的损失,建设单位向施工单位提出费用索赔时,总监理工程师应根据合同条款约定公正处理,协助建设单位与施工单位协商达成一致后,三方共同签认费用索赔确认书;施工单位行为构成违约的,按合同相关条款处理。

4)项目监理机构对工程延期的处理应符合下列规定:

(1)当施工单位提出工程延期要求符合施工合同文件的约定条件时,项目监理机构应予以受理。

(2)项目监理机构应要求施工单位报送工程延期书面申请及有关证明材料并予以审查,审查应包括下列主要内容:

①施工合同中有关工程延期的约定;

②工程延期的原因及责任界定;

③施工进度滞后对施工合同约定工期的影响程度。

(3)项目监理机构应协调建设单位与施工单位对工程延期进行确认。

(4)工程延期造成施工单位提出费用索赔的,项目监理机构应按现行 JTS 252 第 8.0.4 条的规定处理。

5)项目监理机构对违约的处理应符合下列规定:

(1)项目监理机构对施工单位违约行为应及时签发监理通知单,督促施工单位整改,施工单位无正当理由不履行合同责任的,项目监理机构应通知建设单位,由施工单位按合同相关条款承担违约责任。

(2)项目监理机构发现分包单位的施工严重不符合设计要求或施工合同约定的,应要求施工单位解除与分包单位的合同关系,并由施工单位将分包单位清退出场。

(3)施工单位对建设单位违约行为按合同约定程序通知项目监理机构或提出书面索赔的,项目监理机构应按合同约定处理。

6)项目监理机构应了解现场实际情况,协助建设单位处理施工合同的争议和解除事项。

第六节　监理资料管理

1)监理工作月报应包括下列主要内容:

(1)工程概述;

(2)工程概述简述；

(3)对工程进度完成情况的分析和采取的有关措施及效果；

(4)对工程质量情况分析和采取的有关措施及效果；

(5)工程计量与工程款支付情况；

(6)与合同有关事项的处理情况；

(7)安全生产监督管理情况和采取的有关措施及效果；

(8)本月其他监理工作情况；

(9)建议和建议；

(10)下月监理工作重点。

2)监理工作简报汇报内容应包括下列主要内容：

(1)工程概况、监理范围和内容；

(2)监理组织机构，监理人员；

(3)监理主要工作；

(4)监理水平检测设备，按规范施工目检结果；

(5)工程是否达到设计要求，存在哪些问题，施工中主要问题的处理情况；

(6)监测样品采样执行情况；

(7)对工程质量、进度的评价，对施工单位监理工作态度的评价；

(8)监理总结意见和体会。

3)监理日志应采用表1-1的格式。

表1-1 监理日志

工程名称：_____ 编号：_____

日期		天气情况	
主要施工情况			
主要监理工作			
问题及处理情况			
其他说明事项			
记录人(签字)		审图(签字)	

注：本表由监理工程师根据当班监理工程师填写，按月装订成册，经驻地监理工程师或总监理工程师代表审图。

4)旁站记录表应采用表 1-2 的格式。

表 1-2　旁 站 记 录 表

工程名称：_____　　　　编号：_____

日期		天气情况	
施工区段			
旁站部位或工序			
旁站开始时间		旁站结束时间	
施工情况简述			
监理工作简述			
主要数据记录			
问题及处理情况			
旁站监理人员 （签字）		审阅 （签字）	

注：本表由旁站监理人员填写，主管专业监理工程师审阅。

5)安全监理日志应采用表1-3的格式。

表 1-3 安全监理日志

工程名称:_____ 编号:_____

日期		天气情况	
施工安全管理情况			
安全监理工作情况	此处主要填写: 1.安全技术措施或专项施工方案审查情况; 2.安全生产教育培训、安全技术交底的检查情况; 3.遵守安全法律、法规和安全制度及措施落实的检查情况; 4.执行政府主管部门或建设单位的安全生产指令的检查情况; 5.安全防护用具、机械设备、施工机具和配件、消防、施工用电、危险性较大的工程等安全方面的巡视情况		
问题及处理情况			
安全监理工程师 (签字)		审阅(签字)	

注:本表由安全监理工程师填写,按月装订成册,总监理工程师或总监理工程师代表审阅。

第二章　水运工程质量控制基础知识

第一节　参建各方质量责任和义务《建设工程质量管理条例》

一、建设单位的质量责任和义务

1）建设单位应当将工程发包给具有相应资质等级的单位，并不得将建设工程肢解发包。

2）建设单位应当依法对工程建设项目的勘察、设计、施工、监理以及与工程建设有关的重要设备、材料等的采购进行招标。

3）建设单位必须向有关的勘察、设计、施工、工程监理等单位提供与建设工程有关的原始资料。原始资料必须真实、准确、齐全。

4）建设工程发包单位不得迫使施工单位以低于成本的价格竞标，不得任意压缩合理工期；不得明示或者暗示设计单位或者施工单位违反工程建设强制性标准，降低建设工程质量。

5）建设单位应当将施工图设计文件上报县级以上人民政府建设行政主管部门或者其他有关部门审查。施工图设计文件未经审查批准的，不得使用。

6）实行监理的建设工程，建设单位应当委托具有相应资质等级的工程监理单位进行监理。

7）建设单位在领取施工许可证或者开工报告前，应当按照国家有关规定办理工程质量监督手续。

8）按照合同约定，由建设单位采购建筑材料、建筑构配件和设备的，建设单位应当保证建筑材料、建筑构配件和设备符合设计文件和合同要求。建设单位不得明示或者暗示施工单位使用不合格的建筑材料、建筑构配件和设备。

9）涉及建筑主体和承重结构变动的装修工程，建设单位应当在施工前委托原设计单位或者具有相应资质等级的设计单位提出设计方案；没有设计方案的，不得施工。房屋建筑使用者在装修过程中，不得擅自变动房屋建筑主体和承重结构。

10）建设单位收到建设工程竣工报告后，应当组织设计、施工、工程监理等有关单位进行竣工验收。建设工程经验收合格的，方可交付使用。

11）建设单位应当严格按照国家有关档案管理的规定，及时收集、整理建设项目各环节的文件资料，建立健全建设项目档案，并在建设工程竣工验收后，及时向建设行政主管部门或者其他有关部门移交建设项目档案。

二、勘察、设计单位的质量责任和义务

1）从事建设工程勘察、设计的单位应当依法取得相应等级的资质证书，在其资质等级许

可的图纸和所承揽工程，并不得转包或者违法分包所承揽的工程。

2) 勘察、设计单位必须按照工程建设强制性标准进行勘察、设计，并对其勘察、设计的质量负责。注册建筑师、注册结构工程师等注册执业人员应当在设计文件上签字，并对设计文件负责。

3) 勘察单位提供的地质、测量、水文等勘察成果必须真实、准确。

4) 设计单位应当根据勘察成果文件进行建设工程设计。设计文件应当符合国家规定的设计深度要求，注明工程合理使用年限。

5) 设计单位在设计文件中选用的建筑材料、建筑构配件和设备，应当注明规格、型号、性能等技术指标，其质量要求必须符合国家规定的标准。除有特殊要求的建筑材料、专用设备、工艺生产线等外，设计单位不得指定生产厂、供应商。

6) 设计单位应当就审查合格的施工图设计文件向施工单位作出详细说明。

7) 设计单位应当参与建设工程质量事故分析，并对因设计造成的质量事故，提出相应的技术处理方案。

三、施工单位的质量责任和义务

1) 施工单位应当依法取得相应等级的资质证书，并在其资质等级许可的范围内承揽工程，并不得转包或者违法分包所承揽的工程。

2) 施工单位对建设工程的施工质量负责。施工单位应当建立质量责任制，确定工程项目的项目经理、技术负责人和施工管理负责人。建设工程实行总承包的，总承包单位应当对全部建设工程质量负责；建设工程勘察、设计、施工、设备采购的一项或者多项实行总承包的，总承包单位应当对其承包的建设工程或者采购的设备的质量负责。

3) 总承包单位依法将建设工程分包给其他单位的，分包单位应当按照分包合同的约定对其分包工程的质量向总承包单位负责，总承包单位与分包单位对分包工程的质量承担连带责任。

4) 施工单位必须按照工程设计图纸和施工技术标准施工，不得擅自修改工程设计，不得偷工减料。

5) 施工单位在施工过程中发现设计文件和图纸有差错的，应当及时提出意见和建议。

6) 施工单位必须按照工程设计要求、施工技术标准和合同约定，对建筑材料、建筑构配件、设备和商品混凝土进行检验，检验应当有书面记录和专人签字；未经检验或者检验不合格的，不得使用。

7) 施工人员对涉及结构安全的试块、试件以及有关材料，应当在建设单位或者工程监理单位监督下现场取样，并送具有相应资质等级的质量检测单位进行检测。

8) 施工单位对施工中出现质量问题的建设工程或者竣工验收不合格的建设工程，应当负责返修。

9) 施工单位应当建立、健全教育培训制度，加强对职工的教育培训；未经教育培训或者考核不合格的人员，不得上岗作业。

四、工程监理单位的质量责任和义务

1)工程监理单位应当依法取得相应等级的资质证书,在其资质等级许可的范围内承担工程监理业务,并不得转让工程监理业务。

2)工程监理单位与被监理工程的施工承包单位以及建筑材料、建筑构配件和设备供应单位有隶属关系或者其他利害关系的,不得承担该项建设工程的监理业务。

3)工程监理单位应当依照法律、法规以及有关技术标准、设计文件和建设工程承包合同,代表建设单位对施工质量实施监理,并对施工质量承担监理责任。

4)工程监理单位应当选派具备相应资格的总监理工程师和监理工程师进驻施工现场。未经监理工程师签字,建筑材料、建筑构配件和设备不得在工程上使用或者安装,施工单位不得进行下一道工序的施工。未经总监理工程师签字,建设单位不得拨付工程款,不得进行竣工验收。

5)监理工程师应当按照工程监理规范的要求,采取旁站、巡视和平行检验等形式,对建设工程实施监理。

第二节　工程质量缺陷的处理

一、质量缺陷的处理原则

1)监理工程师具有质量否决权。

2)质量缺陷处理需事先进行调查,分清责任,以明确处理费用的归属。

3)施工中,前道工序有缺陷,在未经监理工程师认可之前不准进行下一道工序。例如,土方施工中局部压实度不足,必须进行补充压实并达到设计标准的要求,否则不准进行下层土方的施工。

4)施工单位必须执行监理工程师对质量缺陷的处理意见。

5)施工单位对质量缺陷的处理方案和措施必须经过监理工程师批准方可实施。

6)施工单位对质量缺陷的处理完成后必须接受监理工程师的检查、验收。

二、质量缺陷的现场处理

在各项工程的施工过程中或完工以后,现场监理人员如发现工程项目存在技术规范所不允许的质量缺陷,应根据质量缺陷的性质和严重程度,按如下方式处理:

1)当因施工而引起的质量缺陷处在萌芽状态时,应及时制止,并要求施工单位立即更换不合格的材料、设备或不称职的施工人员,或要求立即改变不正确的施工方法及操作工艺。

2)当因施工而引起的质量缺陷已出现时,应立即向施工单位发出暂停施工的指令(先口头后书面),待施工单位采取了能足以保证施工质量的有效措施,并对质量缺陷进行了正确的补救处理后,再书面通知恢复施工。

3)当质量缺陷发生在某道工序或单项工程完工以后,而且质量缺陷的存在将对下道工序

或分项工程产生质量影响时,监理工程师应在对质量缺陷产生的原因及责任做出判定并确定了补救方案后,再进行质量缺陷的处理或下道工序或分项工程的施工。

4)在交工使用后的缺陷责任期内发现施工质量缺陷时,监理工程师应及时指令施工单位进行修补、加固或返工处理。

5)对于一些复杂的工程缺陷,在作出决定前,可采取下述的方法做进一步的研究。

(1)试验验证:监理工程师根据试验的数据,进行详细的分析,然后再作出决策。

(2)定期观测:对于某些存在缺陷的工程,由于损坏的程度尚未稳定,在短时间内可能对工程的影响并不十分明显,需要进行较长时间的观测。在这种情况下,监理工程师应当与建设单位和施工单位协商,如果他们同意,则可以修改合同,采取延长缺陷责任期的办法进行处理。

(3)专家论证:一些工程缺陷可能涉及的技术领域较广,甚至有时往往根据合同及规范也难以决策。在这种情况下,可邀请有关专家进行论证,监理工程师根据专家的分析结论和合同条件,作出最后的决定。

三、质量缺陷的修补与加固

1)对因施工原因而产生的质量缺陷的修补和加固,应先由施工单位提出修补方案及方法,经监理工程师批准后方可进行;对因设计原因而产生的质量缺陷,应通过建设单位提出处理方案及方法,由施工单位进行修补。

2)修补措施及方法应不降低质量控制指标和验收标准,并应是技术规范允许的或是行业公认的良好工程技术。

3)当已完工程的缺陷并不构成对工程安全的危害,并且满足设计和使用要求时,经征得建设单位同意,可不进行加固或变更处理。如工程缺陷属于施工单位的责任,应由建设单位与施工单位协商,降低对此项工程的支付费用。

第三节　工程质量事故

一、质量事故等级的划分

根据《公路水运建设工程质量事故等级划分和报告制度》(交办安监〔2016〕146号),公路水运建设工程质量事故根据直接经济损失或工程结构损毁情况(自然灾害所致除外)分为特别重大质量事故、重大质量事故、较大质量事故和一般质量事故四个等级。直接经济损失在一般质量事故以下的为质量问题。

1. 特别重大质量事故

指造成直接经济损失1亿元以上的事故。

2. 重大质量事故

指造成直接经济损失5000万元以上1亿元以下,或者特大桥主体结构垮塌、特长隧道结构坍塌,或者大型水运工程主体结构垮塌、报废的事故。

3.较大质量事故

指造成直接经济损失 1000 万元以上 5000 万元以下,或者高速公路项目中桥或大桥主体结构垮塌、中隧道或长隧道结构坍塌、路基(行车道宽度)整体滑移,或者中型水运工程主体结构垮塌、报废的事故。

4.一般质量事故

指造成直接经济损失 100 万元以上 1000 万元以下,或者除高速公路以外的公路项目中桥或大桥主体结构垮塌、中隧道或长隧道结构坍塌,或者小型水运工程主体结构垮塌、报废的事故。

上述内容所称的"以上"包括本数,"以下"不包括本数。

公路水运工程的大、中、小型分类参照《公路水运工程监理企业资质管理规定》(交通运输部令 2019 年第 37 号)执行。

二、质量事故的报告

根据《公路水运工程质量监督管理规定》(交通运输部令 2017 年第 28 号)中提出的"公路水运工程发生质量事故,建设、施工单位应当按照交通运输部制定的公路水运建设工程质量事故等级划分和报告制度,及时、如实报告"。事故报告责任单位应在应急预案或有关制度中明确事故报告责任人。事故报告应及时、准确,任何单位和个人不得迟报、漏报、谎报或瞒报。

事故发生后,现场有关人员应立即向事故报告责任单位负责人报告。事故报告责任单位应在接报 2 小时内,核实、汇总并向负责项目监管的交通运输主管部门及其工程质量监督机构报告。接收事故报告的单位和人员及其联系电话应在应急预案或有关制度中予以明确。

重大及以上质量事故,省级交通运输主管部门应在接报 2 小时内进一步核实,并按工程质量事故快报统一报交通运输部应急办转部工程质量监督管理部门;出现新的经济损失、工程损毁扩大等情况的应及时续报。省级交通运输主管部门应在事故情况稳定后的 10 日内汇总、核查事故数据,形成质量事故情况报告,报交通运输部工程质量监督管理部门。对特别重大质量事故,按《交通运输部突发事件应急工作暂行规范》,由交通运输部应急办会同部工程质量监督管理部门及时向国务院应急办报告。工程质量事故发生后,事故发生单位和相关单位应按照应急预案规定及时响应,采取有效措施防止事故扩大。同时,应妥善保护事故现场及相关证据,任何单位和个人不得破坏事故现场。因抢救人员、防止事故扩大及疏导交通等原因需要移动事故现场物件的,应做出标志,保留影像资料。监理工程师应区别不同级别的质量事故而主持或配合调查处理工作。

三、质量事故的处理

当某项工程在施工期间(包括缺陷责任期间)出现了技术规范所不允许的断层、裂缝、倾斜、倒塌、沉降、强度不足等情况时,应视为质量事故。可按如下程序处理:

1)监理工程师应立即指令施工单位暂停该项工程的施工,并采取有效的安全措施。

2)监理工程师应督促施工单位尽快提出质量事故报告并报告建设单位。质量事故报告应翔实地反映该项工程名称、部位、事故原因、应急措施、处理方案以及损失的费用等。

3）监理工程师应组织有关人员在对质量事故现场进行审查、分析、诊断、测试或验算的基础上，对施工单位提出的处理方案予以审查、修正、批准，并指令恢复该项工程施工。

4）监理工程师应对施工单位提出的有争议的质量事故责任予以判定。判定时应全面审查有关施工记录、设计资料及水文地质现状，必要时还要实际检验测试。在分清技术责任时，应明确事故处理的费用数额、承担比例及支付方式。

应当注意的是，无论是质量缺陷的补救还是质量事故的处理，都不应以降低质量标准或使用要求为前提，还要考虑对造型及美观的影响。当别无选择且不影响使用要求的情况下降低标准时，应特别注意征得建设单位的同意，并应在竣工报告及竣工资料中特别提出。

第四节　水运工程质量控制一般规定（JTS 257—2008）

一、基本规定

1）水运工程施工应按下列规定进行质量控制：

（1）施工单位应对工程采用的主要材料、构配件和设备等进行现场验收，并经监理工程师认可。对涉及结构安全和使用功能的，施工单位应按本标准的有关规定进行抽样检验，监理单位应按本标准的规定进行见证抽样检验或平行检验。

（2）各工序施工应按施工技术标准的规定进行质量控制，每道工序完成后，应进行检查。

（3）工序之间应进行交接检验，并形成记录。专业工序之间的交接应经监理工程师认可。未经检验或经检验不合格的不得进行下道工序施工。

2）水运工程质量应按下列要求进行检验和验收：

（1）工程施工应符合工程合同和设计文件的要求。

（2）工程质量的检验应在施工单位自行检验合格的基础上进行。

（3）隐蔽工程在隐蔽前应由施工单位通知有关单位进行验收，并形成验收文件。

（4）涉及结构安全的试块、试件和现场检验项目，施工单位应按规定进行检验，监理单位应按规定进行见证抽样检验或平行检验。

（5）分项工程及检验批的质量应按主要检验项目和一般检验项目进行检验。

（6）涉及结构安全和使用功能的重要分部工程应按相应规定进行抽样检验或验证性检验。

（7）承担见证抽样检验及有关结构安全检验的单位应具有相应能力等级。

（8）工程的观感质量应由验收人员通过现场检查，并应共同确认。

二、单位工程质量检验合格标准

1）检验批质量合格应符合下列规定：

（1）主要检验项目的质量经检验应全部合格。

（2）一般检验项目的质量经检验应全部合格。其中，允许偏差的抽查合格率应达到80%及以上；不合格点的最大偏差值影响结构安全和使用功能的，不得大于允许偏差值的1.5倍；

机械设备安装工程不得大于允许偏差值的 1.2 倍。

2)分项工程质量合格应符合下列规定：

（1）分项工程所含的检验批均应符合质量合格的规定。

（2）分项工程所含检验批的质量检验记录应完整。

3)分部工程质量合格应符合下列规定：

（1）分部工程所含分项工程的质量均应符合质量合格的规定。

（2）质量控制资料应完整。

（3）地基与基础、主体结构和设备安装等分部工程有关安全、功能的检验和抽样检测结果应符合有关规定。

4)单位工程质量合格应符合下列规定：

（1）所含分部工程的质量均应符合质量合格的规定。

（2）质量控制资料和所含分部工程有关安全和主要功能的检验资料应完整。

（3）主要功能项目的抽查结果应符合相关标准的相应规定。

（4）观感质量应符合本标准的相应要求。

三、水运工程质量检验的程序和组织

1)水运工程项目开工前,建设单位应组织施工单位、监理单位对单位工程、分部工程和分项工程进行划分,并报水运工程质量监督机构备案。工程建设各方应据此进行工程质量控制和质量检验。

2)分项工程及检验批的质量应由施工单位分项工程技术负责人组织检验,自检合格后报监理单位,监理工程师应及时组织施工单位专职质量检查员等进行检验与确认。

3)分部工程的质量应由施工单位项目技术负责人组织检验,自检合格后报监理单位,总监理工程师应组织施工单位项目负责人和技术、质量负责人等进行检验与确认。其中,地基与基础等分部工程检验时,勘察、设计单位应参加相关项目的检验。

4)单位工程完成后,施工单位应组织有关人员进行检验,自检合格后报监理单位,并向建设单位提交单位工程竣工报告。单位工程中有分包单位施工时,分包单位对所承包的工程项目应按本标准规定的程序进行检验,总包单位应派人参加。分包工程完成后,应将工程有关资料交总包单位。

5)建设单位收到单位工程竣工报告后应及时组织施工单位、设计单位、监理单位对单位工程进行预验收。单位工程质量预验收合格后,建设单位应在规定时间内将工程质量检验有关文件,报送水运工程质量监督部门申请质量鉴定。

6)建设项目或单项工程全部建成后,建设单位申请竣工验收前应填写建设项目或单项工程工程质量检查汇总表,并报送质量监督部门申请质量核定。

第三章　水运通用工程质量控制

第一节　混凝土结构工程质量检验一般规定

（1）混凝土结构工程质量检验应包括模板、钢筋、混凝土、预应力和混凝土附加外防腐蚀等分项工程的质量检验和混凝土构件的质量检验。

（2）混凝土构件的质量检验应在模板、钢筋、预应力、混凝土等分项工程质量检验合格的基础上进行，混凝土构件的实体质量检验应符合 JTS 257——2008 附录 D 的相应规定。

（3）从事混凝土结构及构件施工的单位应建立现场试验室，并应通过有关方面的验收。不具备建立现场试验室的条件时，应提前选定具有相应能力等级的试验检测单位，并应经监理工程师和建设单位的认可。

（4）混凝土应采用搅拌机拌和，大中型工程宜采用自动化搅拌站集中拌和。搅拌站和搅拌机投产前应对生产控制工艺、检测设备、计量器具和配料偏差等进行检查验收，并应经监理工程师确认。

（5）模板应进行设计，大型承重模板的施工工艺及主要施工图应经监理工程师确认。

（6）从事钢筋焊接的操作人员应经考试合格。钢筋正式焊接前，应进行现场条件下的焊接性能检验，合格后方能正式生产。

（7）从事预应力的操作人员应经考试合格。预应力张拉设备和仪表应定期配套标定并配套使用。

第二节　钢结构工程质量检验一般规定

（1）钢结构工程的质量检验应包括钢结构制作与安装、装卸与输送设备钢结构安装和常规钢构件制作施工的质量检验。

（2）钢结构焊接时，首次采用的钢材、焊接材料、焊接方法等应进行焊接工艺评定，并确定焊接工艺。

（3）钢结构焊接的操作人员必须经考试合格并取得合格证。持证焊工必须在其考试合格项目及其认可范围内施焊。

（4）从事钢结构无损探伤检测的单位和人员应具有相应的资质。

第四章　码头工程质量控制

第一节　桩　基　工　程

一、桩基工程施工前应开展的工作（JTS 215—2018　4.1.2）[1]

(1) 对施工区域有碍沉桩的水下管线、沉排或抛石棱体等障碍物进行处理；
(2) 选用适当的施工船机设备；
(3) 测量沉桩区泥面高程，并绘制测量平面图和断面图；
(4) 编制桩基施工顺序图，安排基桩生产制作运输计划；
(5) 结合沉桩允许偏差，校核各桩是否相碰；
(6) 根据设计要求，明确施工期针对打桩振动可能影响岸坡稳定和邻近建筑物安全所采取的措施。

二、桩基施工前应具备的资料（JTS 215—2018　4.1.1）

(1) 桩基工程设计资料，包括图纸、会审记录、设计交底等；
(2) 必要的荷载试验或试沉桩资料；
(3) 有碍沉桩或沉孔的障碍物探测报告；
(4) 施工荷载。

三、沉桩的要点

(1) 预制桩沉桩前宜进行试沉桩。试沉桩应确定桩端沉至设计高程的可行性、沉桩施工的锤型和停锤标准。（JTS 215—2018　4.1.4）
(2) 沉桩前应对照沉桩顺序图逐根检查桩的数量、规格、外观质量及运输中损伤情况，不满足设计要求的应及时采取措施。（JTS 215—2018　4.1.8）
(3) 桩位偏位过大或沉桩异常时，应停止沉桩，分析原因，并及时与设计单位联系协商解决。（JTS 215—2018　4.1.9）
(4) 沉桩结束后应及时夹桩，夹桩时严禁拉桩。（JTS 215—2018　4.1.11）

四、预制混凝土方桩制作工艺

除应按现行 JTS 202[2] 的有关规定执行外，尚应符合 JTS 215—2018 中第 4.2.1 条规定：

---

[1]　本文所指 JTS 215—2018 为《码头结构施工规范》(JTS 215—2018)。
[2]　本文所指 JTS 202 为《水运工程混凝土施工规范》(JTS 202)。

（1）在露天台座制作预应力混凝土方桩,应采取措施避免由于气温升高而增加预应力损失或由于气温降低使钢筋发生冷断事故。

（2）桩身混凝土浇筑必须连续进行,不得留有施工缝。

（3）预应力放张时混凝土强度和弹性模量应符合设计规定;设计未规定时,混凝土强度不应低于设计强度等级值的80%,弹性模量不应低于混凝土28d弹性模量的80%。

（4）主筋应对称切割,切割前预应力应已放张。

（5）桩身采用潮温养护时,养护时间不应少于14d,龄期不应少于28d;采用常压蒸养时,龄期不应少于14d。

五、后张法预应力混凝土管桩制作孔道压浆要求（JTS 215—2018 4.2.68）

（1）压浆前应在管桩的预留孔道两端安装阀门,并采用0.2MPa压力水检查桩身与接缝处是否漏水,并清洁孔道。压水检查后,应采用不含油的压缩空气将预留孔道内积水吹出。

（2）压浆顺序宜先压下层孔道逐渐向上孔道进行。水泥浆由桩的一端向桩的另一端压送,压浆应缓慢、均匀地进行,不得中断,出浆口流出浓浆后关闭出浆口阀门,并应保持0.4～0.6MPa压力不少于2min,确保浆体密实性。

（3）水泥浆体初凝后,方可拆除保压阀门。

六、桩的堆存要求（JTS 215—2018 4.2.126）

（1）存放场地应平整、坚实、稳定。

（2）按二点吊设计的桩,可用二点支垫堆存,支垫位置按设计吊点位置确定,偏差不宜超过200mm。桩长期堆存时,宜采用多点支垫防止桩身挠曲。

（3）按二点吊以上设计的桩,可采用多支垫堆存。堆存时垫木应均匀放置。桩两端悬臂长度不得大于设计规定。

（4）桩多层堆存时,堆放层数应按地基承载力、垫木强度和堆垛稳定性等确定。各层垫木应处于同一垂直面上。

七、锤击沉桩控制标准

锤击沉桩控制标准应根据地质情况、设计承载力、锤型、桩型和桩长确定,并应符合下列规定:（JTS 215—2018 4.3.47）

（1）设计桩端持力土层为一般黏性土时,应以设计桩端高程控制。

（2）设计桩端持力土层为砾石、密实砂土或风化岩时,应以贯入度控制。当沉桩贯入度已达到控制贯入度,而桩端未达到设计高程时,应继续锤击贯入100mm或锤击30～50击,其平均贯入度不应大于控制贯入度,且桩端距设计高程不宜超过1～3m,硬土层顶面高程相差不大时取小值,超出上述规定时应会同设计单位研究处理。

（3）设计桩端土层为硬塑状的黏性土或粉细砂时,应以设计桩端高程控制为主。桩端达不到设计高程但相差不大时,可以贯入度作为停锤标准。桩端已达到设计高程而贯入度仍大于控制贯入度时,应继续锤击使其贯入度接近控制贯入度,继续下沉的深度应考虑施工水位的影响,必要时由设计单位核算后确定是否停锤。桩端未达到设计高程,且贯入度小于控制贯入度时,可按上一条款执行。

(4)采用水冲锤击沉桩时,停锤标准应以设计桩端高程控制。桩端持力层为风化岩地基时,应以贯入度控制。

八、灌注桩钢护筒的埋设要求(JTS 215—2018 4.4.10)

(1)陆域或边滩的护筒可采用开挖埋设;地下水位较高和埋设深度较大时,也可用打入法或振动法埋设。

(2)水域护筒可采用振动下沉、锤击下沉或静压下沉等方法埋设,并应设立保证下沉护筒平面位置和垂直度的定位和导向设施。

(3)护筒穿过较厚抛石层或抛石棱体时,宜采用双护筒。

九、灌注桩钻孔漏浆治理措施(JTS 215—2018 4.4.21.4)

(1)跟进护筒或减小孔内外水头差、加稠泥浆和改善泥浆性能等。
(2)采用冲击法成孔时,填入片石、碎卵石土、黏土,反复冲击。

十、灌注桩隐蔽验收记录表中的检查项目(JTS 215—2018 附录表 P.0.1-3)

(1)孔径;
(2)孔深;
(3)孔倾斜;
(4)沉渣;
(5)泥浆;
(6)钢筋笼。

十一、钻孔灌注桩的施工记录表(JTS 215—2018 附录 P)

(1)灌注桩综合施工记录表;
(2)灌注桩成孔施工记录表;
(3)灌注桩隐蔽验收记录表;
(4)灌注桩水下混凝土施工记录表。

十二、灌注桩的混凝土质量要求(JTS 215—2018 4.4.67)

(1)桩身混凝土和用于桩底后注浆的水泥浆抗压强度应符合设计要求。每根桩的混凝土和水泥浆试件取样组数应各为 3~4 组。混凝土和水泥浆的检验要求应符合现行 JTS 202 的有关规定。

(2)检验桩身完整性时,检测数量与方法应符合现行《港口工程桩基动力检测规程》(JTJ 249)的有关规定和设计要求,宜选取有代表性的桩进行无破损检测,重要工程或重要部位的桩应逐根进行检测。设计有规定或对桩的质量有疑问时,应采取钻取芯样法对桩进行检测。需检验桩的桩底沉淀与土层结合情况时,其芯样应钻至桩底 0.5m 以下。

(3)桩身应无断层或夹层,混凝土强度等级应满足设计要求,嵌入桩帽的桩头及锚固钢筋的长度应满足设计要求。不符合要求时,应研究提出处理方案。

(4)桩头凿除后,桩顶混凝土应密实、完整,不得有浮浆、裂缝或夹渣。

第二节　码头结构施工

一、码头结构施工船舶和锚地的选择(强制性条款)

(1)外海或工况恶劣条件下码头结构施工,应选择抗风浪能力强、稳定性好的施工船舶。(JTS 215—2018　3.0.5)

(2)在受台风影响地区施工时,开工前应确定施工船舶避风港或避风锚地。(JTS 215—2018　3.0.7)

二、码头结构项目开工前应具备的基本条件(JTS 215—2018　3.0.6)

项目开工前,施工单位应按施工组织设计做好工程开工前的各项现场准备工作,项目开工应具备下列基本条件:

(1)临时设施满足工程开工的需要;

(2)测量控制网、施工基线和水准点等已通过验收和交接;

(3)施工人员、施工船舶、机械设备和工程材料等已按要求进场;

(4)已取得施工许可。

三、码头结构施工沉降位移观测(JTS 215—2018　3.0.30)

码头结构施工前应根据设计规定和施工安全要求,在岸坡及附近的建筑物设置沉降、位移观测点,并在施工期间进行监测;施工过程中应按设计要求和施工需要在码头结构上设置沉降、位移和变形观测点,并定期观测、分析。工程竣工验收后应将观测资料纳入竣工资料。

第三节　高桩码头、板桩码头

一、一般规定

码头施工区挖泥应满足的要求:(JTS 215—2018　5.1.2)

(1)挖泥前,应进行挖泥区水深测量,绘制水深断面图,并按设计要求合理确定开挖施工工艺、合理选用施工船机。

(2)边坡开挖宜采用阶梯形分层挖泥。

(3)开挖超深值应满足设计要求。

(4)挖泥过程中岸坡出现变位、变形异常时,应采取必要应对措施。

(5)挖泥完毕后,应复测开挖范围的水深断面,绘制水深断面图,按设计和桩基施工要求检查开挖质量。

二、桩基

1)预制混凝土桩沉桩前应满足下列要求:(JTS 215—2018 4.1.6)

①桩身混凝土强度应达到设计强度。

②采用自然养护的,桩的龄期不得少于28d;当采取早强措施时,经论证自然养护龄期可适当减少。

③混凝土管桩应在桩身上部适当部位设置预留孔,孔径宜为50mm,数量不宜少于4个。

2)沉桩的要点:

①预制桩沉桩前宜进行试沉桩。试沉桩应确定桩端沉至设计高程的可行性、沉桩施工的锤型和停锤标准。(JTS 215—2018 4.1.4)

②预制混凝土桩、钢管桩应在桩顶附近标识工程名称、桩型、桩长、制作时间、刻度标尺等。(JTS 215—2018 4.1.7)

③沉桩前应对照沉桩顺序图逐根检查桩的数量、规格、外观质量及运输中损伤情况,不满足设计要求的应及时采取技术措施。(JTS 215—2018 4.1.8)

④桩位偏位过大或沉桩异常时,应停止沉桩,分析原因,并及时与设计单位联系协商解决。(JTS 215—2018 4.1.9)

⑤严禁在已沉放的桩上系缆。已沉桩的区域应设置明显标志,夜间应设置警示灯。(JTS 215—2018 4.1.10 强制性条款)

⑥未经验算,严禁打桩船在建筑物上带缆。(JTS 215—2018 4.3.15.5 强制性条款)

⑦沉桩结束后应及时夹桩,夹桩时严禁拉桩。(JTS 215—2018 4.1.11)

⑧有台风、大浪和洪峰等预报时,应检查夹桩设施是否牢固可靠,必要时应采取相应的防范措施。(JTS 215—2018 4.1.12.3 强制性条款)

3)预制混凝土方桩制作工艺除应按现行 JTS 202 的有关规定执行外,尚应符合下列规定:(JTS 215—2018 4.2.1)

①在露天台座制作预应力混凝土方桩,应采取措施避免由于气温升高而增加预应力损失或由于气温降低使钢筋发生冷断事故。

②桩身混凝土浇筑必须连续进行,不得留有施工缝。

③预应力放张时混凝土强度和弹性模量应符合设计规定;设计未规定时,混凝土强度不应低于设计强度等级值的80%,弹性模量不应低于混凝土28d弹性模量的80%。

④主筋应对称切割,切割前预应力应已放张。

⑤桩身采用潮温养护时,养护时间不应少于14d,龄期不应少于28d;采用常压蒸养时,龄期不应少于14d。

4)后张法预应力混凝土管桩制作钢绞线张拉应符合的规定:(JTS 215—2018 4.2.63)

(1)钢绞线应采用应力控制法张拉,并校核钢绞线的伸长值。

(2)张拉控制应力应符合设计要求。钢绞线需超张拉时,控制应力值不应大于钢绞线强度标准值的 0.75 倍。

(3)整个张拉过程应对称、同步缓慢进行,避免偏心受力。

(4)张拉应分二次进行。

(5)第一次张拉后,管桩不得吊运或移动。第二次张拉时黏结剂抗压强度值应大于30MPa,且第二次张拉控制力值与设计张拉力值的允许偏差不得大于 3%。

(6)在整个张拉过程中,钢绞线不应出现断丝或滑丝。

(7)钢绞线理论伸长值与实际伸长值的差值应满足设计要求。实际伸长值与理论伸长值偏差大于 6% 时,应暂停张拉,并采取措施调整。(JTS 215—2018 4.2.64.1)

5)钢管桩制作钢材及焊接形式要求:(JTS 215—2018 4.2.76、4.2.77)

(1)制作钢管桩所用的钢材应符合设计要求及有关标准,并应有出厂合格证。属于下列情况之一的钢材,应进行抽样复验:

①有抽样复验要求的钢材;

②进口钢材;

③板厚大于或等于 40mm,且设计对其沿板厚方向有承受拉力要求的钢材;

④对质量有异议的钢材。

(2)钢管桩制作应根据使用要求和生产条件选用卷制直焊或螺旋焊缝形式。

6)桩的场内吊运和存放:(JTS 215—2018 4.2.119~4.2.125)

(1)吊运桩时桩身混凝土强度应符合设计要求。

(2)钢筋混凝土桩、预应力混凝土桩和预应力混凝土管桩在出槽、搬运等阶段均应按设计要求的混凝土强度、龄期、吊点位置进行施工,否则应进行内力计算。

(3)在计算吊运过程中桩身结构内力时,应考虑桩型、截面模量、吊点位置、吊索与桩轴线夹角等,满足桩身结构强度和刚度要求。

(4)吊桩时桩身可采用绳扣捆绑或夹具夹持,其吊点位置距离设计位置允许偏差为 ±200mm。吊点处宜用麻袋或木块等衬垫防止绳扣和桩角破坏。

(5)吊桩时应使各吊点同时受力,徐徐起落,减少振动和防止桩身裂损。

(6)场内宜采用钢桁架吊运,钢桁架应具有必要的刚度,防止吊桩时产生过大变形,吊索应与桩轴线垂直。采用起重船或起重机吊运时,吊索与桩轴线夹角不应小于 45°。

(7)当采用其他形式吊运时,应按桩身实际受力情况进行验算。对按多点吊设计的桩,运输时应采取措施,保持全部支点在同一平面上。

7)桩顶高程与设计高程不符或桩顶破损时的处理措施,应符合下列规定:(JTS 215—2018 5.2.3)

(1)桩顶高程高于设计高程或桩顶混凝土裂损部分应截除或凿除。凿除桩顶混凝土裂损部分时应防止凿除面以下混凝土掉角、松动及开裂。预应力混凝土桩桩顶截除应选用对预应力传递长度影响小的方法。

(2)在桩顶设计高程处,宜先环桩周预切割,切割深度宜为 30~50mm。

(3)桩顶截除后的高程允许偏差为 -30~+10mm。现场浇筑桩帽或墩式码头的桩顶截除后的高程允许偏差,可根据结构要求确定。

（4）桩顶低于设计高程时,可采用局部降低桩帽高程或接桩进行处理,接高部分应满足设计要求。

（5）当桩与上部结构的连接方式采用固接时,应清除桩嵌入深度范围内桩周防腐材料。

8）锤击沉桩控制标准:(JTS 215—2018 4.3.47)

锤击沉桩控制标准应根据地质情况、设计承载力、锤型、桩型和桩长确定,并应符合下列规定。

（1）设计桩端持力土层为一般黏性土时,应以设计桩端高程控制。

（2）设计桩端持力土层为砾石、密实砂土或风化岩时,应以贯入度控制。当沉桩贯入度已达到控制贯入度,而桩端未达到设计高程时,应继续锤击贯入100mm或锤击30~50击,其平均贯入度不应大于控制贯入度,且桩端距设计高程不宜超过1~3m,硬土层顶面高程相差不大时取小值,超出上述规定时应会同设计单位研究处理。

（3）设计桩端土层为硬塑状的黏性土或粉细砂时,应以设计桩端高程控制为主。桩端达不到设计高程但相差不大时,可以贯入度作为停锤标准。桩端已达到设计高程而贯入度仍大于控制贯入度时,应继续锤击使其贯入度接近控制贯入度,继续下沉的深度应考虑施工水位的影响,必要时由设计单位核算后确定是否停锤。桩端未达到设计高程,且贯入度小于控制贯入度时,可按上一条款执行。

（4）采用水冲锤击沉桩时,停锤标准应以设计桩端高程控制。桩端持力层为风化岩地基时,应以贯入度控制。

9）挖孔成孔施工安全措施应符合的规定:(JTS 215—2018 4.4.38)

（1）操作平台牢固、稳定;

（2）上下爬梯牢固、吊挂稳定;

（3）用于从孔内出土的机具设备安全可靠;

（4）当桩孔开挖深度超过10m时,采取机械强制通风措施;

（5）孔内照明使用不高于24V的安全电压,并使用安全照明灯;

（6）孔内爆破后,及时进行通风排烟,检测确认孔内空气合格、等待时间超过15min后,施工作业人员方可进入孔内作业;

（7）挖出土石堆于井孔2.0m以外,堆载高度不超过1m;

（8）暂停挖孔时,妥善遮盖孔口,并设立明显标志;

（9）保持孔内外通信畅通。

10）灌注桩的混凝土质量应符合的规定:(JTS 215—2018 4.4.67)

（1）桩身混凝土和用于桩底后注浆的水泥浆抗压强度应符合设计要求。每根桩的混凝土和水泥浆试件取样组数应各为3~4组。混凝土和水泥浆的检验要求应符合现行JTS 202的有关规定。

（2）检验桩身完整性时,检测数量与方法应符合现行《港口工程桩基动力检测规程》(JTJ 249)的有关规定和设计要求,宜选取有代表性的桩进行无破损检测,重要工程或重要部位的桩应逐根进行检测。设计有规定或对桩的质量有疑问时,应采取钻取芯样法对桩进行检测。需检验桩的桩底沉淀与土层结合情况时,其芯样应钻至桩底0.5m以下。

（3）桩身应无断层或夹层,混凝土强度等级应满足设计要求,嵌入桩帽的桩头及锚固钢筋的长度应满足设计要求。不符合要求时,应研究提出处理方案。

（4）桩头凿除后,桩顶混凝土应密实、完整,不得有浮浆、裂缝或夹渣。

三、高桩码头梁板构件预制、吊运和安装

（1）预制构件安装准备工作应包括下列内容:

①测设预制构件的安装位置线和高程控制点;

②对预制构件的类型编号、外形尺寸、质量、数量、混凝土强度、预留孔、预埋件及吊点等进行复查;

③检查支承结构的可靠性以及周围的钢筋和模板等是否妨碍安装;

④结合施工工艺,合理选择安装船机和吊具,编制预制构件装驳和安装顺序图,按顺序图装驳。

（2）预制构件安装应满足下列要求:

①搁置面平整,预制构件与搁置面接触紧密;

②逐层控制高程;

③对影响构件安装的露出钢筋及时与设计单位研究处理。

（3）安装后构件稳定性较差或可能遭受风浪、水流作用或船舶碰撞等影响时,应及时采取加固措施。

四、高桩码头现浇混凝土结构施工

码头大面积面层施工应符合下列规定:（JTS 215—2018　5.4.11～5.4.13）

（1）码头大面积面层混凝土施工应采取控裂措施。现场浇筑时应采取防雨、防晒、防风、防冻等措施。浇筑完成后宜采用覆盖或蓄水等养护措施。装配整体式结构应先浇筑纵横梁节点及预制板接缝处的混凝土,再浇筑码头面层混凝土。

（2）码头大面积现浇混凝土面层可采用切缝机切缝,切缝分块边长以 3.5～5.0m 为宜。混凝土的切缝位置应根据设计要求、码头结构受力、施工工艺、混凝土性能等情况确定。切缝时间宜在面层混凝土强度达到 10～15MPa 时进行,切缝深度宜为 20mm。缝内应采用柔性材料灌填。

（3）浇筑码头面层混凝土时;应根据设计要求埋设固定的沉降、位移观测点,并定期进行观测,做好记录,竣工平面图上应标明观测点,交工验收时交付使用单位。

五、高桩码头接岸结构与岸坡施工

接岸结构沉桩后抛填应符合下列规定:（JTS 215—2018　5.5.2）

接岸结构沉桩后进行回填或抛石前,应清除回淤浮泥和塌坡泥土。抛填应符合下列规定:

（1）抛填过程中,宜定时测量回淤量。如遇大风暴、特大潮等异常情况,应及时测量回淤量,必要时应再次清淤。清淤后应及时进行抛填,做到随清随抛。

（2）抛填应由水域向岸分层、由低到高进行，基桩处应沿桩周对称抛填，桩两侧高差不应大于1m。设计另有规定时应满足设计要求。

六、高桩码头回填施工（JTS 215—2018　5.6）

（1）高桩码头后方回填料的物理力学指标和回填顺序、方向、速率应符合设计要求。

（2）高桩码头后方回填前宜先进行地基加固。当接岸结构挡土墙下为桩基础时不宜采用吹填方式回填。

（3）回填施工前岸坡及后方陆域的沉降及水平位移应趋于稳定。

（4）挡土墙后回填料应按设计要求进行密实。回填时，应避免块石等对混凝土挡墙接岸结构的撞击破坏。

（5）后方回填时应加强对码头接岸结构及岸坡的位移和沉降观测。

七、钢板桩防腐

1）钢板桩涂层防腐应符合下列规定：（JTS 215—2018　6.3.6）

（1）防腐涂层的品种和质量应满足设计要求，并应符合国家现行标准的规定。

（2）防腐涂层及相应的表面处理应满足设计要求，海水环境中尚应符合国家现行标准的有关规定。

（3）涂层施工时应及时测定湿膜厚度以保证干膜厚度。每层涂料必须干燥后方可涂下一层。

（4）对在起吊和沉桩过程中损坏的涂层应及时进行修补，修补的涂层应与原涂层相同或配套。受潮水影响部位应采用快干涂料。

2）当钢板桩采用牺牲阳极保护时，阳极块的安装应符合下列规定：（JTS 215—2018　6.3.7）

（1）阳极块应牢固地安装在钢板桩上，并应与钢板桩进行短路连接。

（2）采用陆上安装时，阳极块与钢板桩的连接强度应充分考虑沉桩振动的影响。

（3）采用水下电焊安装阳极块时，焊缝应进行检查，必要时应采取监控措施。

八、板桩墙施工

板桩墙沉桩应符合下列规定：（JTS 215—2018　6.4.5）

（1）相邻钢板桩必须连锁；相邻钢筋混凝土板桩间不得脱榫。

（2）板桩墙轴线不得出现明显弯折。板桩偏离轴线产生平面扭转时，应在后续沉放的板桩中逐根纠正。

（3）当板桩沿墙轴线方向产生扇形倾斜时，宜采用沉设楔形板桩的方法进行调整。

（4）板桩沉桩应以桩端设计高程作为主要控制标准。对有垂直承载力要求的板桩，其沉桩控制标准应符合规范的有关规定。

（5）板桩沉桩的偏差应符合规范的有关规定。

九、钢拉杆施工

钢拉杆安装应符合下列规定:(JTS 215—2018　6.7.8)

(1)钢拉杆应在前墙后侧回填施工前进行安装。

(2)钢拉杆安装应顺直。陆地安装时,钢拉杆宜采用垫块支垫,垫块间距宜为3~5m。水上或陆上架空安装时,应按设计要求支垫。

(3)张紧拉杆应在锚碇板或锚碇墙前的回填完成,且前墙、胸墙、导梁和锚碇结构的混凝土强度达到设计要求后进行。

(4)拉杆宜先采用旋紧螺母或张紧器初步调整拉杆长度,再施加设计要求的预拉力,使全部拉杆逐步拉紧,各钢拉杆初始拉力应相同。

(5)当前墙后的回填高程接近拉杆的设计高程时,应再次对拉杆的拉力进行调整,使各拉杆受力均匀并达到预拉力设计值。

(6)最终紧固后的拉杆螺纹应至少外露2~3个丝扣。

(7)拉杆安装的偏差应符合规范规定。

十、板桩码头回填施工

板桩码头回填施工应符合下列规定:(JTS 215—2018　6.8)

(1)板桩码头后方回填的时间、顺序和速率应满足设计要求,宜按先回填锚碇结构前土体,再回填前墙后土体,最后进行上部大面积回填的顺序进行施工。

(2)板桩码头后方回填时,应加强前墙变形监测。

(3)回填料不得采用具有腐蚀性的材料,其质量应满足设计要求。

(4)锚碇结构前土体的回填范围和技术要求应满足设计要求。

(5)前墙后土体的回填应符合下列规定:

①前墙后的回填应与拉杆的安装和张紧施工相协调。当需要在拉杆安装前回填部分棱体时,应采取防止前墙发生过大变形和位移的措施。

②水下回填前,应对回填区进行检查。回填区内的回淤沉积物超过设计要求时应进行清理。

③前墙后的回填应按照从前墙向后方推进的原则进行,回填应均匀。

④前墙后的抛石棱体应进行理坡。

十一、板桩码头前沿挖泥

码头前沿挖泥应符合下列规定:(JTS 215—2018　6.9)

(1)码头前沿的挖泥应在码头主体结构施工完成后进行。

(2)码头前沿挖泥应按设计要求的顺序进行施工,宜在码头后方回填基本完成后进行。

(3)码头前沿的挖泥在码头全长方向应均匀进行。当开挖厚度较大时应分层进行,分层的厚度不应大于1.5m。

(4)码头前沿的挖泥范围和高程应满足设计要求,宜采用抓斗疏浚船施工。

第四节　重力式码头

一、基础施工

1)水下基槽开挖质量控制要求:(JTS 215—2018　7.2)

(1)基槽开挖深度较大时宜分层开挖,每层开挖厚度应根据土质条件和开挖方法确定。

(2)基槽挖至设计深度时,应对土质进行核对,发现地质情况与设计要求不符时,应及时研究解决。

(3)水下基槽开挖时,开挖的偏差应符合规范及设计规定。在无掩护水域,当挖泥水深大于或等于20m或抓斗斗容大于18m³时,其平均超深、超宽允许偏差值可适当加大。

2)基槽抛石前应检查基槽尺寸有无变动,有显著变动时应进行处理。当基槽底含水率小于150%或重度大于12.6kN/m³的回淤沉积物厚度大于0.3m时,应清淤。有换填抛石并有夯实措施时,基槽底面回淤沉积物的厚度限值可适当放宽。(JTS 215—2018　7.2.11)

3)水下基床抛石应符合下列规定:(JTS 215—2018　7.2.12)

(1)基床抛石应根据基床的长度、厚度和施工条件分段、分层进行,其分层厚度应与夯实方法相适应。

(2)基床抛石顶面高程不得超过设计高程,且不宜低于基床顶面设计高程0.5m。需夯实处理的基床考虑预留抛石基床夯沉量。

(3)基床顶宽不得小于设计宽度。

(4)对回淤严重的港区,应采取防淤措施。

(5)分层抛石基床的上下层接触面不应有回淤沉积物。

4)基床夯锤底面积不宜小于0.8m²,底面静压强宜采用40~60kPa,落距可取2.0~3.5m。不计浮力、阻力等影响时,每夯的冲击能不宜小于120kJ/m²;对无掩护水域的深水码头,冲击能宜采用150~200kJ/m²。夯锤宜具有竖向泄水通道。(JTS 215—2018　7.2.17)

5)锤夯的基床应在已夯的基床上码头墙底面积范围内任选不小于5m一段采用夯锤相接排列复打一夯次进行基床夯实验收。夯后基床的平均沉降量不应大于30mm,无掩护水域的重力墩不应大于50mm。(JTS 215—2018　7.2.22)

6)爆破开挖岩石基槽应符合下列规定:(JTS 206—2017　5.4.5)❶

(1)水下钻孔爆破的孔网参数和单孔装药量,应结合施工区水深、岩石类别、开挖厚度和钻孔清渣设备等因素综合分析确定。

(2)药孔直径宜为75~150mm。当钻孔设备在浅水区就位有困难或开挖深度不大时,孔径可小于75mm。

(3)超钻深度可在1.0~2.0m范围内选取。硬岩石宜取较大值,软岩石宜取较小值。每次起爆的首排药孔宜比其后各排药孔深0.2m。

---

❶ 本文所指 JTS 206—2017 为《水运工程地基基础施工规范》(JTS 206—2017)。

（4）最小抵抗线应小于药孔深度。

（5）水下钻孔的孔位布置应满足下列要求：

①药孔按三角形或梅花形错开布置；

②钻机位置固定而不能调整药孔间距时调整药孔排距；

③水下炸礁分带进行时，带与带之间的距离为药孔间距的 0.7~1.2 倍；岩体节理、裂隙、风化发育取较大值，不发育取较小值；

④药孔间距一般大于药孔排距。

（6）水下钻孔的同排药孔底高程应一致，药孔装药长度宜为孔深的 2/3~4/5，软岩宜取较小值，硬岩宜取较大值。

（7）水下钻孔爆破孔网参数和清渣设备可参照规范选取。

（8）爆破网路和起爆体设计、施工要求及安全监控应符合现行 JTS 204❶ 的相关规定。

7）水下钻孔的孔位布置应满足下列要求：（JTS 206—2017　5.4.5.5）

（1）药孔按三角形或梅花形错开布置；

（2）钻机位置固定而不能调整药孔间距时调整药孔排距；

（3）水下炸礁分带进行时，带与带之间的距离为药孔间距的 0.7~1.2 倍；岩体节理、裂隙、风化发育取较大值，不发育取较小值；

（4）药孔间距一般大于药孔排距。

8）基床抛石应满足下列要求：（JTS 206—2017　5.4.10）

（1）夯实基床石料饱和单轴极限抗压强度不低于 50MPa，不夯实基床石料不低于 30MPa；

（2）石料未风化、不成片状且无严重裂纹。

二、构件预制

预制构件吊运及安装应符合下列规定：（JTS 215—2018　7.4）

（1）构件安装前，应对基床和预制件进行检查，不符合技术要求时，应予修整和清理。

（2）重力式块体起吊吊孔应设置在靠近重心的上方，吊孔尺度、受力钢筋、加强圈梁应根据块体形式和重量等确定。

（3）确定施工安装设备的起重能力时，应考虑吊具重力和预制件底板与预制场地面的黏结力。

（4）吊运时构件承载力应达到设计要求。

（5）多层方块的安装，应在基床面设置控制方块位置的准线。安装宜采用阶梯形，并分层、分段进行。

（6）对多层方块的底层或安装后不露出水面的构件应复核位置及高程。

（7）方块、扶壁安装时应分段控制位置和长度。单层一次出水的空心块体和扶壁宜在顶部露出水面的条件下安装。

---

❶ 本文所指 JTS 204 为《水运工程爆破技术规范》（JTS 204）。

三、沉箱下水、浮运及安装

(1)沉箱下水、浮运和沉放应符合下列规定:(JTS 215—2018 7.5.1)

①混凝土强度应满足设计要求。

②沉箱溜放、漂浮、浮运和沉放时,沉箱底部的富裕水深应根据自然条件和施工要求确定,并满足设计和安全的要求。

③沉箱的干舷高度应进行校核,并结合浮运过程沉箱倾角与干舷富裕高度、波高等因素确定。当沉箱干舷高度不满足要求时,可采用密封舱顶等措施。

④根据施工情况复核沉箱的浮游稳定性。沉箱靠自身浮游稳定时,必须验算其以定倾高度表示的浮游稳定性,并满足设计和安全的要求。

(2)沉箱采用浮船坞或半潜驳出运时应考虑以下工作:(JTS 215—2018 7.5.5)

①有配套出运码头。

②适合浮船坞或半潜驳靠泊。

③设计时考虑前沿水深、潮位等因素对出运条件的影响。

(3)沉箱出运后在水上存放场应符合下列规定:(JTS 215—2018 7.5.9)

①漂浮存放时,水域应具有良好的掩护和系泊条件,波高不宜大于0.5m,成批存放时,沉箱间应采取避碰措施。

②坐底存放时,存放场宜选择在邻近预制场或安放现场,受风浪、冲刷和淤积等影响较小,且水深满足要求的水域。存放场地的地势宜平坦,并应有足够的储存面积和承载力,必要时应作适当处理。

(4)采用浮运拖带法水上运输沉箱前,应验算沉箱吃水并对沉箱在浮运拖带过程中各不同工况条件下进行浮游稳定验算。验算应满足下列要求:(JTS 215—2018 7.5.11 强制性条款)

①验算沉箱吃水时,应准确计入沉箱内实际的残余水和混凝土残屑的重量、施工操作平台和封舱盖的重量。

②沉箱压载宜用砂、石和混凝土块等固体物。用水压载时,应精确计算自由液面对稳定性的影响。

(5)预制箱筒结构沉放施工前,应对筒位处的泥面进行检测。当发现有深坑、陡坎、堆石等障碍时,应提前进行整平或清除。(JTS 206—2017 5.3.14 强制性条款)

(6)预制箱筒结构水中沉放,应符合下列规定:(JTS 206—2017 5.3.16)

①水中沉放阶段,箱筒结构沉放速度不宜大于5cm/min,构件顶部的高差不应大于20cm,当结构底部沉放至泥面以上30cm时应停止沉放,对构件入泥时的平面位置进行复核,偏差不满足要求时应及时进行调整。

②土中自重沉放阶段,箱筒结构沉放速度不宜大于2cm/min,构件顶部的最大高差不宜大于10cm。

③负压沉放阶段,箱筒结构沉放速度不宜大于2cm/min,构件顶部的最大高差不宜大于5cm。

④在箱筒结构沉放过程中,当构件顶部的高差达到允许值的1/2时,应及时采取收放锚

缆、控制排气、调整负压等措施进行调整。

四、铺设土工织物施工

抛填棱体和倒滤层、倒滤井的棱体面铺设土工织物时应满足下列要求：(JTS 215—2018 7.7.8)

（1）土工织物底面的石料进行理坡，无石尖外露，必要时用二片石修整。

（2）土工织物的搭接长度满足设计要求且不小于1.0m。

（3）铺设土工织物后尽快覆盖。

五、回填施工

码头墙后回填采用吹填时，应满足下列要求：(JTS 215—2018 7.8.2)

（1）码头内外水位差不超过设计限值。

（2）排水口远离码头前沿，其口径尺寸和高程根据排水要求和沉淀效果确定。

（3）吹泥管口靠近墙背。

（4）吹泥管口距倒滤层坡脚的距离不小于5m，必要时经试吹确定。

（5）在墙前水域取土吹填时，控制取土地点与码头的最小距离和取土深度。

（6）围堰顶高程高出填土顶面0.3~0.5m，其断面尺寸经设计确定。

（7）吹填过程中，对码头的填土高度、内外水位、位移和沉降进行观测，码头发生较大变形等危险迹象时，立即停止吹填，并采取有效措施。

六、混凝土结构工程防腐

（1）水运工程结构防腐蚀施工应根据环境类别和结构部位采取合适的施工工艺和措施，并制定防腐施工专项方案，专项方案的内容有：(JTS/T 209—2020 3.0.4)❶

①工程概况；

②环境类别、结构部位；

③防腐蚀设计要求；

④材料质量及性能；

⑤验收参数及要求；

⑥施工工艺及质量控制措施。

（2）混凝土表面涂层所选用的涂料应按设计涂层体系选择，涂料质量应符合下列规定：(JTS/T 209—2020 4.2.1)

①每批涂料及稀释剂应有产品出厂检验合格证书，且应在有效期内使用。

②各批次进场涂料应取样检验涂料性能和涂层性能，并保存样品，涂层性能检验结果应满足设计要求。

③涂料在容器中搅拌后的状态应无粗颗粒、呈现均匀状态。

---

❶ 本文所指 JTS/T 209—2020 为《水运工程结构防腐蚀施工规范》(JTS/T 209—2020)。

（3）混凝土表面处理应符合下列规定：（JTS/T 209—2020 4.3.1）

①混凝土表面存在明显麻面、砂斑和气泡等缺陷，应采用与涂料相容的环氧胶泥或水泥基修补材料修补平整，修补材料黏结强度不应低于 1.5MPa。

②混凝土表面的浮浆、不牢灰浆、油污、养护剂、脱模剂等，宜采用压力不小于 20MPa 的高压淡水清除干净；也可使用动力打磨工具清除，然后用淡水清洗干净或使用通过除油装置的压缩空气吹除干净；必要时应用适当溶剂清除油污。

③表干区混凝土表面含水率不应大于 6%，表湿区混凝土不应有积水、流水和水珠等。

（4）混凝土表面处理需进场涂料应检验涂料性能和涂层性能，涂料检验应符合下列规定：（JTS/T 209—2020 4.4.1）

①每批进场涂料应检查产品出厂合格证和材料检验报告等。

②各批次进场涂料应随机抽样检验并保存样品，每种涂料取样不少于 8kg。

③涂料性能检验批次应按每种涂料的每 2t 为 1 个检验批，单批次不足 2t 应按 1 个检验批计。

④涂层性能检验批次应按涂料配套总使用量的每 30t 为 1 个检验批，单批次不足 30t 应按 1 个检验批计。

⑤抽样检验结果有不合格项时，应双倍抽样复检不合格项，仍有不合格项时，应判定该批产品质量不合格。

（5）混凝土表面处理应符合下列规定：（JTS/T 209—2020 5.3.1）

①混凝土表面存在明显麻面、砂斑等缺陷，应采用水泥基修补材料进行修补，修补材料强度不应低于基体混凝土强度。硅烷浸渍宜在修补完成 14d 后进行。

②混凝土表面的不牢附着物宜采用高压淡水或打磨工具等清除干净，表面油污宜用溶剂或清洁剂擦洗去除。

③混凝土表面存在的脱模剂或养护剂，经试验确定对硅烷浸渍有影响时应打磨清除干净。

④混凝土表面打磨后应采用淡水冲洗干净，并自然干燥；硅烷浸渍前混凝土表面含水率不宜大于 8%。

（6）混凝土表面需进场硅烷材料应检验硅烷材料基本性能和硅烷浸渍保护性能，硅烷材料检验应符合下列规定：（JTS/T 209—2020 5.4.1）

①每批进场硅烷材料应检查产品出厂合格证和材料检验报告等。

②各批次进场硅烷材料应随机抽样检验及保存样品，每个样本不少于 1kg。

③硅烷材料基本性能检验批次应按每 1t 为 1 个检验批，单批次不足 1t 应按 1 个检验批计。

④硅烷浸渍保护性能检验批次应按每 10t 为 1 个检验批，单批次不足 10t 应按 1 个检验批计。

⑤抽样检验结果有不合格项时，应双倍抽样复检不合格项，仍有不合格项时，应判定该批产品质量不合格。

（7）混凝土表面硅烷浸渍竣工验收应提交下列资料：（JTS/T 209—2020 5.4.9）

①硅烷材料出厂合格证、质量证明书、硅烷材料及硅烷浸渍保护检验报告；

②进场硅烷材料质量检验文件、小区试验报告；

③设计文件及设计变更文件;

④施工记录;

⑤硅烷浸渍后检验报告及检验批质量验收记录;

⑥施工过程中出现的问题及处理情况;

⑦维护管理建议。

(8)混凝土结构外加电流阴极保护(JTS/T 209—2020 9.1.1)

混凝土中实施阴极保护的钢筋应进行电连接,连接电阻不应大于1.0Ω。

(9)混凝土结构外加电流阴极保护系统电连接检验应符合下列规定:(JTS/T 209—2020 9.4.2)

①电连接应在混凝土浇筑前全数检验,电连接检验应使用数字直流欧姆表或内阻大于10MΩ、最小分辨率1mV的高内阻数字万用表。

②阴极保护系统电连接应检验钢筋和阴极电缆之间,辅助阳极和钛导电条之间,辅助阳极和阳极电缆之间的连接电阻。

③阴极保护系统电连接电阻不应大于1.0Ω。

(10)混凝土结构外加电流辅助阳极与钢筋电绝缘检验应东路下列要求:(JTS/T 209—2020 9.4.3.2)

①阳极与钢筋电绝缘按每个保护单元全数检验。

②混凝土浇筑前,将湿海绵置于阳极和阴极间作为电解液,采用直流电位差计测定的电位差不小于50mV。

③混凝土浇筑完后,全数检测阳极与钢筋间电位差。

七、钢筋防腐工程

(1)钢筋阻锈剂应按设计要求选择,阻锈剂材料质量应符合下列规定:(JTS/T 209—2020 6.2.1)

①钢筋阻锈剂应有产品出厂检验合格证书,并应标明其主要化学成分及含量、阻锈作用类型及适用范围,且应在有效期内使用。

②各批次进场钢筋阻锈剂应取样检验掺阻锈剂混凝土性能和钢筋阻锈剂防锈性能,并保存样品。

(2)环氧涂层钢筋监理现场检验应符合下列规定:(JTS/T 209—2020 7.4.2)

①环氧涂层钢筋的现场检验应按现行 JTS 202 和 JTS 257 的有关规定进行检验。

②钢筋锚固长度、架立钢筋材料应全部进行观察检验,其质量应满足设计要求。

③采用绑扎连接时,应全部了检验绑材料、接头位置、同一截接头数量、搭接长度、其质量应满足设计要求。

④钢筋机械连接接头的现场检验应符合现行《钢筋机械连接技术规程》(JGJ 107)的有关规定,焊接接头力学性能的质量应满足设计要求。

⑤环氧涂层钢筋现场修补后检测单个缺陷面积大于1cm²的修补区域的涂层连续性和涂层厚度。

(3)不锈钢钢筋的弯钩或弯折应满足下列要求:(JTS/T 209—2020 8.3.1.3)

①HPB300S 钢筋末端需作 180°弯钩时,其弯弧内径不小于钢筋直径的 2.5 倍;HRB400S 钢筋需作 90°或 135°弯折或弯钩时,其弯弧内径不小于钢筋直径的 5 倍;HRB500S 钢筋需作 90°或 135°弯折或弯钩时,钢筋直径为 28mm 以下时其弯弧内径不小于钢筋直径的 6 倍,钢筋直径为 28mm 及以上时其弯弧内径不小于钢筋直径的 7 倍。

②钢筋弯后平直部分长度,HPB300S 钢筋不小于钢筋直径的 3 倍,HRB400S、HRB500S 钢筋满足设计要求;设计无要求时,作 135°的弯钩时不小于钢筋直径的 5 倍,作 90°的弯钩时不小于钢筋直径的 10 倍。

③弯起钢筋弯折点处弯曲直径,HPB300S 钢筋不小于钢筋直径的 10 倍,HRB400S 钢筋不小于钢筋直径的 12 倍,HRB500S 钢筋不小于钢筋直径的 16 倍。

④箍筋末端弯钩的形式符合现行 JTS 202 的有关规定。

(4)进场不锈钢钢筋和机械连接接头检验应符合下列规定:(JTS/T 209—2020 8.4.4.1)

①每批进场不锈钢钢筋应检查产品出厂合格证、材料检验报告或质量证明书等。厂家应提供与进场钢筋同钢号、同型号的疲劳试验报告。

②各批次进场不锈钢钢筋应按每 60t 为 1 个检验批,单批次不足 60t 应按 1 个检验批计;超过 60t 的部分,每增加 40t 或不足 40t 的余数,应增加 1 个拉伸试验试样和 1 个弯曲试验试样。每批应由同一厂家、同一生产线、同一炉罐号、同一牌号、同一交货状态的钢筋组成。

③每批次进场不锈钢钢筋的检验项目、取样数量和取样方法应符合相应规定。

④厂家应根据需方要求提供有效的不锈钢钢筋疲劳试验报告。

⑤各检验项目的检验方法及结果应符合第 8.2 节的有关规定。

⑥不锈钢钢筋抽样检测结果有不合格项时,应进行复验,复验与合格性判定应符合现行《钢及钢产品 交货一般技术要求》(GB/T 17505)的有关规定。钢筋的重量偏差不合格时,不得复验。

⑦每批进场的机械连接接头应检查产品出厂合格证、材料检验报告或质量证明书等。厂家应提供有效的接头的型式检验报告及疲劳试验报告。

⑧进场机械接头与配套使用的不锈钢钢筋应按现行《钢筋机械连接技术规程》(JGJ 107)的有关规定进行接头工艺检验。

八、水运工程静力触探测试

(1)水运工程静力触探测试载体与贯入系统应根据场地条件和测试要求,可选用海床式、固定式、井下式或浮动式静力触探测试方式。(JTS/T 242—2020 3.1.2)❶

(2)水运工程静力触探测试载体,应满足下列要求:(JTS/T 242—2020 3.1.3)

①能安全承载整套贯入系统、量测系统及测试人员,并可持续至测试结束。

②配置能吊装和回收贯入系统的专门设备。

(3)水运工程静力触探贯入系统应满足下列要求:(JTS/T 242—2020 3.1.4)

①贯入系统满足作业的水深要求。

---

❶ 本文所指 JTS/T 242—2020 为《水运工程静力触探技术规程》(JTS/T 242—2020)。

②贯入系统满足触探设计深度需要。

③额定起拔力不小于额定贯入力。

④贯入和起拔时,施力作用线垂直于机座基准面,垂直度公差不大于0.5°。

⑤反力装置提供的反力不小于额定贯入力,且能限制贯入系统移动。

⑥测试探杆强度满足贯入深度的受力要求,且探杆直径自探头锥底起算的400mm长度范围内不大于探头直径。

第五节　格型钢板桩码头

一、基槽施工

基槽回填施工要点如下(JTS 215—2018　8.1.8 ~ 8.1.13)

(1)回填作业应与前后工序紧密衔接,填料前和填料作业中断时间较长时,均应检查回淤情况,回淤厚度大于200mm时应进行处理。

(2)基槽回填应考虑水流、风浪、水深对抛填的影响,宜采取试抛确定抛填的施工工艺。

(3)回填顶面高程应预留密实沉降量,其数值可参考经验或试验资料确定。无资料时,可取回填厚度的4% ~ 6%。

(4)回填料的顶面高程的允许偏差为 ±300mm,顶宽不得小于设计宽度。

(5)回填可采用振冲法密实;经技术论证后,也可采用水下爆夯法密实。

(6)回填料的振冲密实宜用多机排成一列,同时施振。

二、主格体水上拼插

1)浮式钢围囹的定位:(JTS 215—2018　8.2.6 ~ 8.2.8)

(1)浮式钢围囹的平面定位应符合下列规定。

①初定位时,应在格仓设计中心设置浮标,调整浮式钢围囹的中心点与浮标。

②准确定位时,应先插设钢管桩支腿,调整浮式钢围囹中心点偏位小于或等于50mm,方可下沉钢管桩支腿。

(2)浮式钢围囹高程定位应根据潮差情况采用一次定位或两次定位,并符合下列规定。

①浮式钢围囹顶面浮升达到控制高程时,应调整各拉条长度,使其松紧一致,并向浮箱内充水。

②高程应采用水准仪测量,允许偏差为 ±30mm。

(3)浮式钢围囹的平面定位和高程定位符合要求后,应将浮式导向围囹架与钢管桩支腿之间用楔子楔紧,并固定拉条上的紧张器及卷扬机的锚缆。浮式钢围囹倾斜度大于5‰时,应立即纠正。

2)钢板桩沉桩:(JTS 215—2018　8.2.13 ~ 8.2.15)

(1)沉桩设备应根据地质条件、钢板桩强度和自重进行选择,锤的能量不宜过大,沉桩时不应使桩身产生变形或锁口脱开。砂土地基宜用振动锤。

（2）钢板桩应分阶梯式下沉，顺、逆时针往复循环施打（振），并应符合下列规定：

①每次施打（振）下沉量不宜过大，随着桩入土深度的增加每次下沉量应减少，对砂基宜控制在0.5～1.0m之间；采用振动锤在单桩或桩组上连续施振时间，不宜超过5min。

②宜采用间隔施打（振）。

③宜采用两套沉桩设备对称施打（振）。

④宜采用成组桩施打（振）。

⑤每次施打（振）时应先行下沉Y形桩。

⑥锤的中心线应与桩轴线保持一致。

（3）沉桩过程中应逐根（桩组）填写沉桩记录，主格体沉桩完成后应填写实测偏差表。

3）格体的陆上拼插：（JTS 215—2018 8.3.2）

格体的陆上拼插应符合下列规定。

（1）拼插前应将每根桩位精确地测放在格体环形基础面上，逐根标明桩的中心位置，桩位应与格体沉放定位时的方位一致。

（2）钢围囹在拼装场上就位时的中心点偏差应控制在20mm以内。

（3）格体拼插时，宜用Y形桩作定位桩，定位桩用经纬仪校正桩位和垂直度后，应及时与钢围囹主骨架和底部环形基础临时固定。

（4）在条件允许情况下，宜采用成组钢板桩拼插，并由相邻的定位桩开始向中间合拢。在拼插顺序上宜顺风向作业。

（5）单个格体的拼插应连续作业，一次性闭合。在拼插过程中应将已插钢板桩临时系牢在钢围囹上。

（6）格体钢板桩拼插完毕，应沿围囹上、下导环逐根桩设置限位块，防止格体与钢围囹间产生较大的相对位移。

（7）当格体钢板桩的重心与形心不重合时，应在格体起吊前安设配重块。

4）格体的吊运与定位：（JTS 215—2018 8.3.5）

格体的吊运与定位应符合下列规定。

（1）格体起吊至离地面一定高度时，应实测格体成型后的直径。实测直径与设计直径差异较大时，应调整格体沉放的中心位置。

（2）格体沉放宜选择在高平潮进行。

（3）格体沉放宜选用Y形连接桩作为定位桩。

（4）格体沉放定位宜采用两台经纬仪前方直角交会法进行，格体定位满足要求时应及时下沉钢围囹支腿。

（5）格体定位完成后应卸除配重块，并按规范规定振动下沉格体钢板桩。

三、副格施工

副格体施工要点如下：（JTS 215—2018 8.4）

（1）副格体钢围囹安装前，应根据连接桩的径向和环向的实测偏差、倾斜度和偏角绘制副格体钢板桩闭合图。

（2）钢围囹安装位置应根据实测副格体钢板桩闭合图确定，并在相应的主格体上作出标记。

（3）副格体施工顺序宜先海侧后陆侧，陆侧宜滞后最少一个格体。

（4）副格仓钢围囹宜选择低潮位进行安装，安装时应按主格体上标示的位置将钢围囹安放到两侧主格体桩顶上，经检查无误后进行固定。

（5）副格体钢板桩拼插应由两端开始向中间合拢；钢板桩落入基槽前，吊钩不宜完全放松；钢板桩拼插后，应及时进行固定。

（6）副格体钢板桩的下沉按规范要求执行，并填写施工记录。

第六节 斜坡码头与浮码头

一、斜坡结构基础施工

（1）水下基岩爆破开挖应根据岩性、爆破开挖总深度、地形地貌、水深和清渣设备等条件，进行爆破方案的比选及设计。必要时应进行试爆。水下基岩爆破应符合下列规定：（JTS 215—2018 9.2.2）

①水下起爆宜采用复式网路孔内微差爆破。

②应严格进行网络设计，并宜采用塑料导爆管非电起爆网路。

③使用电爆网路起爆时，必须严格进行网路计算及器材检验。

④起爆体进入现场，必须切断一切电源。

⑤水下爆破所用的雷管、炸药必须具备良好的防水性能。

⑥不得将火花起爆用于水下爆破。

（2）斜坡道基床水下部分的细平和极细平，可采用整平船、纵向铺设整平钢轨等方法进行。当采用纵向铺设整平钢轨施工时，铺设整平钢轨应满足下列要求：（JTS 215—2018 9.2.5）

①钢轨上应设置测量高程所需的测量标志，其间距不应大于6m，测点的高程允许偏差值为±20mm。

②钢轨在岸边的起始点位置，纵向允许偏差应为±5mm。

③钢轨就位后应及时固定，防止滑动。

④极细平前应复测钢轨的位置及高程。

（3）陆上回填应符合下列规定：（JTS 215—2018 9.2.8）

①陆上回填的填料应满足设计要求。

②陆上回填应分层压实，分层厚度应根据所采用的压实设备确定。对大型振动式压路机压实石渣或碎石类土石，分层厚度宜取1.0~1.5m，小型设备分层厚度不宜大于0.3m。

③压实遍数由现场试验确定，压实度应符合现行《土方与爆破工程施工及验收规范》（GB 50201）和《公路路基路面现场测试规程》（JTG 3450）的有关规定。

④使用砂和卵石的混合料回填时，宜采用洒水压实法。压实前应充分洒水提高压实效果。

二、斜坡道上浇筑纵轨枕或轨道梁控制要点

斜坡道上浇筑钢筋混凝土纵轨枕或轨道梁时,应严格控制中心线位置及顶面高程。混凝土应自下而上浇筑,并应采取措施保证混凝土顶面顺直、密实。设计坡面陡于1:2或使用泵送混凝土时,宜加设顶模板。(JTS 215—2018　9.2.11)

三、构件安装

安装水下构件应符合下列规定:(JTS 215—2018　9.2.18)
(1)安装前基床淤积应及时清理,安装过程中应避免破坏基床。
(2)安装前应复核定位标记。
(3)船舶颠簸不稳影响构件安装定位时,不宜作业。
(4)构件安装时,不得局部加填垫块。
(5)构件安装就位后,应及时固定。

四、倒滤层和面层施工

(1)倒滤层施工要点如下:(JTS 215—2018　9.2.22~9.2.24)
①倒滤层的铺设,应与面层铺砌相结合。铺设倒滤层时,应保持其良好的级配,材料不得从坡顶向下倾倒。
②倒滤层应按设计要求分层铺设,倒滤层厚度不得小于设计厚度。倒滤层厚度的允许偏差,水上应为50mm,水下为100mm。
③使用土工织物作倒滤层时,基层土坡必须平整密实,不得有尖锐的物体外露。铺设垫层及砌筑坡面块石时,不得划破土工织物。土工织物的搭接长度应满足设计要求,且不小于1.0m。土工织物铺设后应尽快覆盖。
(2)干砌块石面层应符合下列规定:(JTS 215—2018　9.2.28)
①所用块石各边的最小厚度不应小于设计坡面厚度的2/3。
②铺设有轨道的坡面时,砌石、水下抛石或袋装混凝土顶面不得超过钢轨底面。

五、钢引桥及钢撑杆的装运

钢引桥和钢撑杆的装运应满足下列要求:(JTS 215—2018　9.3.4)
(1)合理布置支点铺设木垫,垫木顶面应尽量保持在同一平面上,并用木楔调整垫实,垫木应固定。长途运输时,应采取加撑、加焊、系绑等措施。
(2)驳船装运时应根据支点布置验算甲板的强度和船体的稳定性,必要时应采取加固措施。

六、升降架结构施工

升降架混凝土浇筑应符合下列规定:(JTS 215—2018　9.4.4)

（1）混凝土浇筑前应对支架、模板、钢筋、预留孔和预埋铁件等检查验收；模板内的杂物、积水和钢筋上的污垢应清理干净；升降架首节立柱模板安装前，宜在承台上沿模板底部边线浇筑砂浆带。

（2）混凝土保护层的厚度允许偏差为 0 ～ +5mm。垫块强度、密实性和耐久性不应低于构件本体混凝土相应指标。

（3）升降架立柱宜分节浇筑，分节高度宜为 3 ～5m。

（4）浇筑立柱混凝土，下料高度超过 2m 时，应采取串筒、溜管或振动溜管等措施下料。

七、趸船定位

趸船定位要点如下：(JTS 215—2018 9.5.1、9.5.2)

（1）趸船应根据水深、流速、流向、水域和水底土质等情况，按设计系留方式定位。

（2）趸船定位后，锚链应按设计要求绞紧。

八、码头竣工整体尺寸

斜坡码头和浮码头竣工整体尺寸的偏差检查项目如下：(JTS 215—2018 9.6.1)

（1）纵轴线位置；

（2）码头总长度；

（3）码头总宽度；

（4）坡线位置（坡顶、坡脚）；

（5）坡面高程（坡顶、坡脚）。

第七节 防波堤与护岸

一、斜坡式防波堤

1）斜坡式防波堤一般规定如下：(JTS 208—2020 4.1)❶

（1）斜坡式防波堤的施工，应按照合理控制施工步距、尽快形成设计断面和全断面推进的原则组织进行。

（2）斜坡堤堤心、垫层、护面层的施工步距应根据工程结构特点、水文与气象情况、现场条件和施工能力等综合确定，并应符合下列规定：

①正常施工季节在受风浪影响较小水域施工时，堤心与护面层的施工步距不宜大于150m；垫层与护面层的施工步距不宜大于80m。

②正常施工季节在受风浪影响较大水域施工时，堤心与护面层的施工步距不宜大于100m；垫层与护面层的施工步距不宜大于50m。

---

❶ 本文所指 JTS 208—2020 为《防波堤与护岸施工规范》(JTS 208—2020)。

③台风季节或在大浪发生频率较高水域施工时,堤心与护面层的施工步距不宜大于50m;垫层与护面层的施工步距不宜大于30m。

④深水防波堤堤心、垫层、护面层的施工步距应根据现场实际情况适当减小。

(3)对于需要超前护底的工程,每段护底垫层铺设时,均应考虑留有足够的超前护底长度。

(4)斜坡堤的预留沉降量,应考虑地基沉降量和施工期堤身沉降量。地基沉降量应按设计要求确定,施工期堤身沉降量应考虑抛填厚度、石料规格与级配、抛填工艺、施工速度、海况条件等因素并结合施工经验确定。

(5)斜坡堤的沉降观测点应根据设计要求、地质情况、结构特点和施工经验设置,并应符合设计和规范要求。

2)土工织物软体排铺设(JTS 208—2020 4.2.3)

土工织物软件排铺应符合下列规定:

(1)铺设前应清除铺设范围内对软体排铺放和使用有影响的杂物。

(2)水下软体排宜使用铺排船铺设,并宜采用全球卫星定位系统和水下测控系统,测量软排体的铺设轨迹、铺设位置和相邻排体搭接长度。

(3)铺设时应考虑水深、水流、波浪等条件的影响,排体不得产生破损、褶皱和漂移。

(4)当采用砂肋或砂袋压载时,砂肋或砂袋充填的充盈率宜为80%～85%,系结带和系结圈应连接牢固;当采用联锁块压载时,联锁块应均匀放置并与排体连接牢固。

(5)软体排铺设允许偏差应符合设计和规范要求。

3)挤密砂桩施工(JTS 208—2020 4.2.7)

挤密砂桩施工应符合下列规定:

(1)挤密砂桩应采用振动回打扩径法施工。施工所用船机设备、沉管装置、填砂计量和压缩空气设备以及监测系统等应满足挤密砂桩的施工质量要求。

(2)正式施工前,应先进行工艺试桩,对主要施工控制参数进行测试验证。试桩的数量不应少于3根。

(3)砂的种类和质量应满足设计要求。当设计无规定时,宜采用中粗砂,砂料中可含有粒径小于50mm的砾石,含泥量不应大于5%。

(4)挤密砂桩施工应按确定的施工程序和工艺参数对加压排水、套管沉入、持压填砂、分段拔管与排砂、振动回打扩径、重复填砂回打和留振时间等进行控制,不得出现桩体中断或缩颈现象。

(5)挤密砂桩的置换率和桩体紧密程度应满足设计要求。当设计对桩体紧密程度无要求时,桩身砂的密实度应满足中密到密实的要求。

(6)挤密砂桩施工产生的泥面隆起部分,施工后应按设计要求进行清理。

(7)挤密砂桩施工允许偏差应符合设计和规范要求。

4)堤心石抛填(JTS 208—2020 4.3.2)

堤心石抛填应符合下列规定:

(1)与陆域连接或浅水区域堤段宜采用陆上推填工艺。根据设计要求、地基土强度、水深和波浪影响程度可一次或分层推填到顶。

（2）深水区域堤段和堤头的水上抛填应考虑水深、水流和波浪等自然条件对块石产生漂流的影响。宜采用开体驳、专用抛石船或大型驳船，按照先粗抛、后补抛、再细抛的方法进行抛填。

（3）堤脚有块石压载要求时，应先抛压载块石，后抛堤心石。

（4）堤心抛石有挤淤要求时，应从断面中间逐渐向两侧抛填。

（5）底部设有土工织物加筋垫层或软体排护底的堤心石，应先抛填土工织物上面的保护层，再抛堤心石，并应按照有利于拉紧土工织物的顺序进行抛填。

（6）软土地基上堤心石抛填，应按设计要求和沉降观测成果控制加载速率和间隔时间。

（7）采用爆破排淤填石时，块石抛填与爆破排淤施工应符合现行 JTS 204 的规定。堤心两侧隆起的淤泥包，在进行下一工序施工前应予以清除。

（8）抛填开山石时，应对石料的规格及级配进行控制，较大的块石宜抛填在堤心外侧，但应避免断面表层出现大块石集中堆积的情况。

5）扭王字块安放方式（JTS 208—2020 4.4.4）

扭王字块安放方式应满足设计要求，并符合下列规定：

（1）扭王字块体宜采用随机安放。当有特殊要求时，反压平台或施工水位以上的块体也可采用规则安放。

（2）采用随机安放时，应按测量定位方法计算安放参数，由下而上、分段分层、定点定量控制安放，并应逐一调整块体姿态，相邻块体的摆向不宜相同，相邻块体的翼缘不宜接触平行安放。安放完成后，应对块体的疏密情况进行检查，发现漏放或过大空缺时应及时补充安放。

（3）采用规则安放时，应使全部块体保持两垂直杆件一端在堤坡下方、中间杆件一端在堤坡上方，三点着地。顺坡依次向上叠压摆放。

（4）坡肩转角部位的两块扭王字块应相互勾连。

（5）扭王字块安放数量的偏差应控制在设计数量的5%以内。

二、重力式直立防波堤施工

重力式直立防波堤堤身构件安装应符合下列规定：（JTS 208—2020 5.3.5）

（1）堤身构件安装前应对基床顶面进行检查。

（2）堤身构件安装应控制安装位置和堤的长度。

（3）开孔沉箱安装的临时封孔板应有足够的强度、刚度和良好的水密性，并应方便安装和拆卸。

（4）沉箱、空心方块和圆筒安装后，应及时进行舱格内回填。当回填块石时，应采取防止砸损构件边缘的保护措施。对于带有消能室沉箱的箱内回填，应控制回填高度并及时进行顶面防护。

（5）重力式直立堤堤身构件安装允许偏差和最大缝宽允许应符合设计和规范要求。

三、箱筒型基础防波堤施工

箱筒型基础防波堤施工一般规定：（JTS 208—2020 6.1）

51

（1）箱筒型基础防波堤的施工应根据结构特点、设计要求、施工条件和施工能力,对箱筒型构件的预制、出运和下沉等主要过程进行重点分析研究,确定预制方法、施工工艺和船机设备。

（2）箱筒型构件的基础筒应具有良好的气密性,满足气浮拖运和负压下沉的要求。

（3）首组箱筒型构件拖航前应进行气浮试验,对箱筒型构件的气密性和充气系统的工作参数进行验证确认。

（4）箱筒型基础防波堤在施工期间的沉降、位移观测,应从箱筒型构件负压下沉结束时开始。沉降、位移观测点应按结构段设置。

四、斜坡式护岸施工

坡式护岸工程宜按照护底与护脚、岸坡、护面与护肩、上部结构的顺序组织施工,岸坡开挖与补坡应符合下列规定:

（1）岸坡开挖前,应对现场地形和地貌进行测量和踏勘。当附近有建筑物或构筑物、道路或地下管线时,在施工中应采取防护措施。

（2）岸坡开挖应自上而下、分段分层进行,不得掏底开挖。

（3）岸坡坡度应满足设计要求。当发现地质情况与设计要求不符时,应会同设计单位研究处理。

（4）陆上岸坡开挖至设计边坡线之前,宜预留厚度为 100~200mm 的土层待人工削坡。削坡后护岸的边坡应平顺、整齐,且不得有贴坡。

（5）岸坡的原坡面存在凹坑或沟壑时,应会同设计单位研究处理。当采用填方处理时,回填部分应进行夯实并应预留削坡厚度。

（6）挖方弃土在坡顶堆放时,应严格控制堆土位置和高度,满足岸坡稳定的要求。严禁向港池和航道内弃土。

（7）岸坡开挖的允许偏差应符合设计和规范要求。

第五章 航道工程质量控制

第一节 航道整治工程施工前准备

一、一般规定

（1）依据相关规定及施工合同组建项目管理机构，组织施工人员进场。

（2）现场踏勘与资料调查，工前测量，图纸会审与设计交底，编制施工组织设计，进行技术与安全交底等。

（3）根据工程总体布置、航道通航条件和实际需要，修建与工程规模相适应的预制场地、进场道路、堆场、临时码头等设施，设置施工航道临时停泊锚地。

（4）根据施工方案，安排施工进度，确定施工船机设备规格、数量和进场安排；确定工程所需建筑材料、物料等资源的供应和运输方式。

（5）办理水上水下活动许可、航行通告和航道通告。

（6）做好施工外部环境的协调。

（7）针对工程特点制定生产安全事故和突发事件应急预案，配备必要的应急救援设施和器材，组织安全培训，开展相应的应急演练。

二、航道整治工程工前测量的主要工作内容（JTS 224—2016 4.3）❶

（1）开工前应进行测量控制点交接，并对测量控制点进行踏勘、复核和复测，成果应经项目监理机构审核确认。

（2）施工控制网的等级应符合现行行业标准的有关规定，并满足施工控制测量的精度要求。

（3）应根据工程需要设立水位、潮位站或临时水尺等观测点。

（4）应对工程区域的初始河床地形进行测量。

第二节 航道整治工程施工

一、基槽开挖的规定（JTS 224—2016 5.2.2）

（1）基槽开挖至设计高程时，应对土质进行核对。

---

❶ 本文所指 JTS 224—2016 为《航道整治工程施工规范》（JTS 224—2016）。

（2）陆上基槽开挖边坡不应陡于设计坡度。

（3）基槽开挖宜分层进行，分层厚度应根据施工设备能力和边坡条件等确定。

（4）基槽开挖过程中应定期监测边坡稳定及基槽周边构筑物情况，出现塌方、涌水等危及安全时，应立即采取针对性的保护措施。

（5）基本开挖完成后应及时进行结构物基础施工，避免基槽长时间暴露。

二、岸坡削坡及整平施工的规定（JTS 224—2016　5.2.5）

（1）削坡施工前应对坡面基底进行清理。

（2）整平回填的材料、加载速率、施工顺序、密实方法应满足设计要求。

（3）削坡及整平的平面位置和范围应满足设计要求。

三、块石坝体的施工规定（JTS 224—2016　7.2.1）

（1）筑坝施工过程中，应及时校核坝轴线位置、断面尺寸。

（2）坝根处岸坡抗冲能力较弱时，应按设计要求先进行坝根处理护坡施工。

（3）坝体抛筑顺序应根据河道条件、运输方式和设计要求合理确定。

（4）坝体抛筑时，应随时检测坝位、坝面高程和护底结构的稳定情况，防止偏移、超高。

（5）采用陆上端进法抛筑坝芯石时，坝根的浅水区可一次抛到设计高程，坝身和坝头可根据水深、地基承载力、水流和波浪情况一次或多次分层抛填至设计高程。

（6）易冲刷的河段应观测沿堤流的冲刷情况。

（7）受台风影响的堤坝，堤身出水面后应尽快形成设计断面，减少暴露长度和面积。

（8）在季节性封冻河流筑坝可采用冰上码方；冰层承载力达不到一次成型要求时，可采用开冰槽抛石施工或进行二次码方。

四、软基抛石筑坝施工的规定（JTS 224—2016　7.2.1.9）

（1）地基处理按不良地质条件地基处理的有关规定执行。

（2）堤侧有抛石棱体的导堤施工时，先抛压载层，后抛堤身。

（3）有挤淤要求时，从断面中间逐渐向两侧抛填。

（4）抛石加荷速率有控制要求时，按设计要求设置沉降观测点，控制加荷间歇时间。

五、干砌石、铺石坝面施工的规定（JTS 224—2016　7.3.1）

（1）块石的规格、质量应满足设计要求。

（2）坝面应采用粒径较大的块石，并应安砌稳定平整，大块石之间的缝隙应用小块石嵌紧。

（3）块石干砌、铺砌不得破坏垫层。施工时应按设计尺度设置控制线，并应错缝竖砌、紧靠密实，前后的明缝应用小片石料填塞紧密，不得出现通缝叠砌和浮塞，块石间应契合紧密无松动。

（4）砌体应表面平整，砌石边缘应顺直、整齐。

六、扭工字块护面块安装施工的规定(JTS 224—2016 7.3.5)

(1)块体的安放数量应满足设计要求。

(2)当采用定点随机安放时,应按设计块数的95%计算安放位置,交错安放、互相勾连、分段施工。安放完成后,应对块体的情况进行检查。

(3)当采用规则安放时,应使垂直杆件安放在坡面下方,并压在前排的横杆上,横杆置于垫层块石上,腰杆跨在相邻块的横杆上。

七、护岸工程施工的规定(JTS 224—2016 8.1)

(1)护岸工程施工宜按先护底、后护脚、再护坡的顺序进行。近岸水下铺排区域过陡时,应对排体自身稳定进行复核,必要时应进行补坡或排头加固。

(2)护岸工程施工前应做好坡面保护与基础处理,并根据结构特点、现场条件和施工能力合理确定施工顺序。

(3)岸坡施工时应设置临时排水设施,并保持施工期岸坡排水通畅。

(4)护岸工程岸坡开挖期间应设置临时观测点,岸坡成型后应设置永久观测点进行沉降和位移变形观测。

(5)护岸工程施工弃土区的设置应满足设计要求。设计无要求的,弃土不得影响工程结构和岸坡稳定。

(6)护岸工程施工宜在中低水位期进行,其护脚施工宜按照先下游后上游、由远岸向近岸的顺序施工。

(7)护岸工程减压排水孔应保持通畅。平原河流、人工运河直立式护岸施工时,宜修建临时围堰,形成干地施工条件。

八、直立式护岸现浇混凝土基础施工的规定(JTS 224—2016 8.4.1)

(1)施工前应对基准点和水准点进行复核,并依次设置施工基线和水准点等定位标志。

(2)混凝土所用原材料、配合比设计、混凝土的强度、施工缝的留置位置和施工缝处理及混凝土的养护应符合现行 JTS 202 的有关规定。

(3)浇筑混凝土前,应清除浇筑面上杂物,并形成干地施工条件。

(4)现浇混凝土基础浇筑时,应在条形基础表面设置不少于底板面积15%的石块,形成凸出基础面的"石榫"或埋置深度为150~200mm的"倒石榫",石榫布置形式和占总接触面积的比例应满足设计要求。

(5)现浇混凝土基础伸缩缝应上下前后贯通,填缝饱满。

九、钢板桩护岸施工的规定(JTS 224—2016 8.4.6)

(1)钢板桩的规格、品种应满足设计要求。

(2)钢板桩锁口应平直通顺,使用前应进行套锁检查。

(3)钢板桩吊运应采用两点吊,不得斜拖起吊。

（4）钢板桩堆放场地应平整坚实、排水良好,桩应分层叠置,层与层之间应设置垫木,上、下垫木应设置在同一直线上并支撑平稳,堆放层数应不大于3层。

（5）钢板桩防护层的涂料、品种和质量应满足设计要求,涂层在吊运和沉桩过程中损坏时应及时修补,修补的涂料应与原涂层相同。

（6）钢板桩沉桩施工前,宜先进行试验性施工,检验选定的参数,并根据试验数据进行调整,保证沉桩顺利进行。

（7）钢板桩沉桩应设置导桩、导梁等导向装置,导向装置应具备足够的强度和刚度。

（8）钢板桩宜采用拼组插入间隔跳打或阶梯式沉桩到设计高程。钢板桩拼组根数槽形桩宜取奇数,Z形桩宜取偶数。每组钢板桩的锁口宜用电焊固定。

（9）钢板桩沉桩前,其锁口宜涂抹润滑油脂。

（10）钢板桩沉桩应以桩尖设计高程作为控制标准。

（11）钢板桩的锚碇结构施工应符合现行《板桩码头设计与施工规范》(JTS 167)的有关规定。

十、直立式护岸倒滤层施工的规定(JTS 224—2016 8.5.4)

（1）混合倒滤层施工应按铺设砂垫层、土工织物、碎石垫层的顺序施工,上道工序验收合格后方可进行下道工序。

（2）土工织物的铺设应按垂直岸线方向进行,下端牢固压入枯水平台脚槽内,上端埋入坡顶明沟。上下端之间应采用整幅布料,不得搭接或缝接。

（3）土工织物铺设松紧适度,贴紧垫层,不得发生折叠悬空和破损。

（4）顺沿岸线方向应自下游向上游逐段铺设,搭接处上游侧盖住下游侧,每段幅宽应满足设计要求。

（5）倒滤垫层的砂料粒径应满足设计要求,含泥量不得超过5%。

十一、生态袋加筋挡土墙施工的顺序(JTS 224—2016 8.6.1.1)

基槽开挖、基础底板浇筑、安装生态袋、土工格栅铺设、碎石倒滤层施工与后方回填、土工格栅反包施工、生态袋压顶、生态袋墙面绿化。

十二、炸清礁施工测量的要求(JTS 224—2016 9.1、JTS 131—2012 10.5.4、JTS 257—2008 9.12.3)●

1）施工过程水下地形测量比例尺不宜小于1:200,且炸礁施工放样应符合下列规定。

（1）炸礁施工定位应采用纵向和横向导标控制、全站仪定位、RTK-DGPS定位或星站差分DGPS定位。

（2）炮孔位置或裸炸位置的全部钻孔排位均应布置在施工图上。

（3）水下爆破钻孔船的测量定位应经常进行校核。

● 本文所指 JTS 131—2012 为《水运工程测量规范》(JTS 131—2012)。

（4）对钻孔位置定位偏差，内河不得大于0.2m，沿海不得大于0.4m。

2）水下爆破及清渣应用测深仪和经纬仪等测量，并进行硬式扫床。硬式扫床应提交扫床测量轨迹图，相邻扫床轨迹的重叠宽度不得小于1m，并提交报告。

3）在非航行区域边坡和改善流态的清礁工程可采用比例尺不小于1∶500的测图检验。

十三、陆上炸礁施工的一般要求（JTS 224—2016　9.2.1）

（1）陆上爆破宜采取由外向内、由上向下的顺序施工。爆破层小于5m时，一次性钻爆到设计底高，超过5m时，应采取台阶式分层爆破。

（2）陆上爆破宜采用毫秒延时爆破，孔深较浅且对周边环境无影响时宜采取齐发爆破。

（3）陆上爆破有边坡保护和减震要求时，宜采用预裂爆破或光面爆破方式，爆破网路采取导爆索起爆，验孔、装药等环节应有爆破工程技术人员指导。

（4）陆上开槽爆破宜按由中心向两边、从中段向上下两端进行。

（5）陆上开槽施工应在槽上下两端预留挡水墙或设围堰，围堰高程高于施工期多年平均高水位，槽内设低于设计底高1m的集水坑。

（6）装填炮孔数量应以设计的一次起爆药量为限，完成一炮次全部钻孔后集中装药，在岩体裂隙发育或较破碎情况下，宜采用每个钻孔完成后及时装药方式。

（7）爆破前应清除孔口周围的碎石、杂物，爆破体表面和最小抵抗线方向应采取覆盖措施防止飞石，保护周边房屋和人员。

（8）炮孔堵塞物宜采用钻屑、黏土和带泥的河沙，堵塞长度不应小于最小抵抗线的1.2倍。

十四、水下钻孔爆破施工船舶定位的要求（JTS 224—2016　9.3.1）

（1）钻爆船和钻爆平台应采取锚缆式定位或定位桩定位，确保船位稳定，防止走锚、滑桩和套管移位。

（2）施工船舶锚缆布置应满足施工和通航安全要求，砂卵石河床和流速超过3m/s的急流河段施工，宜采取在岸上设地锚方式系缆，通航一侧舷横缆宜采用沉链方式，定位完成后应对伸入航道的锚缆进行水深探摸检查。

（3）施工宜按先下游后上游，先深水后浅水的顺序进行，并根据水位变化适时调整。

（4）施工船舶定位宜采用卫星定位系统，施工钻孔位置的偏差内河施工时不大于200mm，沿海施工时不大于400mm，钻孔过程中应校核、监控船位。

（5）钻爆船施工宜保持船体与水流流向一致，急流河段水下钻孔施工，应采取措施防止爆破网路被钻具和缆绳损伤。

（6）钻爆船爆破时应移至爆破区上游，爆破网路应顺水流松放，防止受力过大和被船舵桩、锚缆挂损。

十五、水下清渣、弃渣施工的一般规定（JTS 224—2016　9.3.3）

（1）挖泥船清渣施工顺序宜采用从深水到浅水分条、分段顺水流开挖，在流速较缓水域潮汐河段或反铲式挖泥船清渣时也可采用逆流施工。

（2）水下清渣开挖分条宽度不应大于挖泥船宽度和抓斗作业半径，条与条之间开挖搭接宽度宜为 2～3m；分段开挖长度应根据挖泥船布设锚缆位置确定。

（3）施工过程中应根据抓斗大小和岩层厚度分层开挖，分层厚度宜为抓斗高度的 1/4～1/3。

（4）清渣施工宜采用顺序排斗，抓出堑口后依次向前挖。

（5）绳斗式挖泥船在流速较大的水域施工时，应注意抓斗漂移对下斗位置和挖深的影响，可根据抓斗漂移情况确定斗绳上的标注挖深值，也可通过公式估算。

（6）桩式反铲挖泥船应采用锚缆协助定位，使用挖斗前移船位，提桩后锚缆应同步受力，下桩后再松锚缆。

（7）水下清渣、弃渣宜采用卫星定位系统测量定位，设施工导标时，导标夜间灯光应与航标灯光有所区别。

（8）陆上反铲挖掘机水下清渣时，车位间开挖作业半径应搭接 2m，退位前应用挖斗对开挖作业半径内的水深进行探测。

（9）水下弃渣应救抛在指定区域，弃渣时应及时测量水深，避免超过设计高程。

十六、水下清渣、弃渣施工的偏差检查项目和允许偏差值（JTS 224—2016 9.3.4）

（1）开挖线，允许偏差：钻孔爆破 +1000mm、0；裸露爆破 +2000mm、0。

（2）高程，允许偏差：航行区域 0、−500mm；非航行区域 +50mm、−750mm。

（3）钻孔，允许偏差：孔深 ±300mm；间排距 ±200mm。

（4）高程，允许偏差：平面位置 ±4000mm；非航行区域 +1000mm。

十七、重锤凿岩施工的规定（JTS 224—2016 9.4.3）

（1）凿岩锤应根据吊机或抓斗机提升能力、岩石等级确定。普氏 V 级以内岩石宜采用 5～20t 的楔状凿：岩锤或梅花锤，普氏 Ⅵ～Ⅶ 级岩石宜采用 10～40t 的笔状凿岩锤。

（2）凿岩锤落锤高度应根据岩石等级确定，宜为 2～3m，凿击点布置宜为 1.5～2.0m 间距的等边三角形，接近设计底高时落点距宜加密为 1m。

（3）凿岩锤施工时应控制垂直自由下落高度，避免发生凿岩锤落底前钢缆突然受力导致钢丝绳互绞。

（4）岩石凿碎后应进行清渣施工，凿岩、清渣施工循环作业深度宜为 0.2～0.8m，直至达到设计高程。

十八、液压破碎凿岩施工的规定（JTS 224—2016 9.4.4）

（1）液压破碎锤及钎杆长度应根据挖掘机功率、水深确定，施工时应控制凿岩深度，破碎锤应与岩面垂直，避免破碎锤空打。

（2）岩石破碎后进行清渣施工，凿岩、清渣施工循环作业深度宜为 0.2～0.5m，直至达到设计高程。

十九、水下凿岩施工的偏差检查项目和允许偏差值（JTS 224—2016　9.4.5）

（1）开挖线，允许偏差：+800mm、0。
（2）高程，允许偏差：航行区域0、−500mm；非航行区域+50mm、−500mm。

二十、航道整治工程观测与维护的一般规定（JTS 224—2016　10.1）

（1）航道整治工程开工至交工验收前，应进行工程观测与维护。
（2）工程观测应符合现行行业标准JTS 131的有关规定。
（3）整治建筑物的观测宜采取定期工程测量和一般巡查相结合，应做好原始记录，及时整理分析。
（4）施工过程中应按要求观测工程区域的地形变化以及整治建筑物的沉降、位移等；记录、分析并评估其对建筑物稳定和整治效果的影响；观测分析资料应纳入工程竣工资料。

二十一、各种气象水文条件下对航道整治工程进行观测的要求（JTS 224—2016　10.2.5）

（1）汛期。汛期观测每年应不少于一次。
（2）凌期。凌期观测每年应在开、封江流凌期各安排一次，观测宜采用测量、摄影、摄像相结合的方法进行。
（3）风暴潮、台风。风暴潮、台风过后应及时组织整治建筑物的观测。

二十二、航道整治工程质量检验单位工程的划分（JTS 257—2008　1.4.0.2.8）

（1）堤坝、护岸、固滩和炸礁工程按座或合同标段划分单位工程。
（2）较长的整治建筑物按合同标段或以长度2~5km划分单位工程。
（3）分期实施的整治建筑物和炸礁工程按合同规定的施工阶段划分单位工程。
（4）长河段航道整治工程按单滩划分单位工程。

二十三、航道整治工程施工安全交底的工作内容（JTS 224—2016　4.6）

1）分部分项工程开工前，施工单位应向施工作业班组和施工作业人员进行安全交底，填写安全交底记录表。
2）施工安全交底应包括下列主要内容：
（1）施工作业特点、危险源辨识和危险点。
（2）施工安全重点及注意事项。
（3）安全操作规程及安全技术措施。
（4）职业健康保护措施。
（5）安全用品的使用方法。

3)安全交底记录应有相关人员的签认。

二十四、土工织物软体排人工系结混凝土压载块施工的规定(JTS 224—2016 6.3.5)

(1)混凝土压载块吊装、搬运过程中应采取必要的防护措施防止混凝土压载块断裂、掉角破损。

(2)混凝土压载块绑系的位置、系结方式应满足设计要求。系结绳索应卡入凹槽,系紧牢靠,不得松脱。

(3)排体铺设入水前,应对混凝土压载块的破损情况进行检查。对影响使用功能的破损混凝土压载块应予以更换,漏绑的混凝土压载块体应重新绑定。

二十五、水深大于5m小于10m处护底土工织物软体排沉排过程中出现排体撕裂的处理方式(JTS 224—2016 6.3.9)

(1)从撕排处起算按不小于15m的最小纵向搭接长度进行补排。
(2)搭接长度为排体入水前施工控制的纵向搭接长度。
(3)排体着床的实际最小搭接长度不得小于6m。

第六章　疏浚与吹填工程质量控制

第一节　一　般　规　定

一、疏浚工程的单元划分（JTS 257—2008　3.1）

疏浚单位工程不划分分部工程及分项工程。吹填围埝工程的分部工程、分项工程可按表6-1的规定划分,当工程内容与表列项目不一致时,可根据工程内容进行调整。

吹填围埝工程分部工程、分项工程划分　　　　　　　　　　　　　表6-1

序　号	分　部　工　程	分　项　工　程
1	基底	基床清淤等
2	埝身	抛石
3	倒滤层	倒滤层

二、疏浚工程质量检验的一般规定（JTS 257—2008　3.1）

(1)基建性疏浚工程应按中部水域、边缘水域和边坡三部分进行质量检验。

(2)基建性疏浚工程质量检验的依据应包括工程设计图、竣工水深图和测量资料等。局部补挖后补绘的竣工水深图的补绘部分不应超过图幅中测区总面积的25%。补绘部分超过图幅中测区总面积的25%时,应对该图幅中的测区进行重测,并应重新绘图。

(3)基建性疏浚工程施工的最大超宽、最大超深不宜超过相应挖泥船施工平均超深、超宽控制值的2倍,各类挖泥船施工的平均超深、超宽控制值不应超过现行 JTS 257 的规定。当最大超深值设计有要求时应满足设计要求。

(4)维护性疏浚工程质量检验的范围应为设计底边线以内的水域,边坡可不检验。当对边坡质量有特殊要求时,可根据设计要求进行检验。

(5)疏浚工程竣工断面图应根据设计断面、计算超深值、计算超宽值和竣工水深测量资料绘制,纵向比例宜采用1∶100,不应小于1∶200。

(6)弃土区的位置、范围和高程应满足设计和相关规定要求。

(7)疏浚土的运输或管道输送不得中途抛卸和漏泥。

(8)吹填及围埝工程质量检验的依据应包括工程设计文件和竣工资料等。

(9)永久性围埝工程应单独进行质量检验;临时性围埝应满足稳定和安全等要求。

三、疏浚与吹填工程质量检验断面抽样比例(JTS 257—2008　3.1.0.9)

(1)基建性疏浚工程,采用单波束测深仪数字化测量的断面抽样比例不得少于25%,非数字化测量的断面抽样比例不得少于15%。多波束测深系统的断面抽样数量应按相应的测量比例尺的单波束测深仪数字化测量的抽样数量确定。

(2)维护性疏浚工程,采用单波束测深仪数字化测量的断面抽样比例不宜少于15%,非数字化测量的断面抽样比例不宜少于10%。多波束测深系统的断面抽样数量宜按相应的测量比例尺的单波束测深仪数字化测量的抽样数量确定。

四、疏浚与吹填工程质量检验的测量(JTS 257—2008　附录 E)

(1)疏浚与吹填工程质量检验的测量应包括水深测量和地形测量。

(2)疏浚工程质量检验宜采用数字化水深测量。中软底质的质量检验可采用单波束测深仪,硬底质的质量检验应采用多波束测深系统或硬式扫床。边坡陡于1:3时,宜采用多波束测深系统。

五、疏浚与吹填工程质量检验测量仪器(JTS 257—2008　附录 E)

1)疏浚与吹填工程质量检验测量仪器应符合下列规定。

(1)水深测量定位宜采用 GPS 进行,GPS 定位精度应优于±2m(2δ,95%),并应用二级平面控制网以上精度的控制点进行校对。

(2)单波束测深仪必须具有模拟记录和数字记录功能,测深精度应优于±(0.05m +0.5% ×水深),测深仪工作频率应为200~210kHz,换能器的波束角不应大于8°。双频测深仪的低频换能器的工作频率应为24~33kHz。

(3)多波束测深系统测深必须改正船舶姿态对测深的影响,可配备三维姿态传感器和陀螺罗经。

(4)当测深仪模拟记录显示波高超过0.2m时,宜采用精度优于±0.05m 的波浪补偿器。

(5)陆上地形测量可采用水准仪配合经纬仪、全站仪或 RTK-DGPS 进行。

2)数字化水深测量应符合下列规定。

(1)数字化水深测量时,测量船航速应小于10kn。

(2)数字化水深测量数据处理应进行延迟改正和偏心改正。

(3)测深数据的更新率应根据水深、测深波束角和测量船航速确定。

(4)定位数据的更新率不应超过 1s。

(5)改正因噪声引起的假数字水深时,不应舍弃浅于设计水深的水深,对有严格超深限制的水域不应舍弃最大水深。

(6)疏浚边坡的质量检验可采用电子水深数据绘制断面图。

3)多波束测深系统水深测量应符合下列规定。

(1)多波束测深系统测量前必须进行校准。

(2)相邻测线间重叠宽度应大于测线间距的20%。

（3）内业数据处理单元不应大于1m×1m,水深宜按取浅原则选取,对有严格超深限制的水域不应舍弃最大水深。

（4）多波束测深系统测深结果应采用单波束测深仪进行校核。

4）浮泥回淤比较严重的疏浚工程,施工过程中有测量资料证实已挖到设计水深,质量检验时可采用浮泥测量对高频测深仪水深图进行修正。浮泥的测量可采用三爪砣、密度计或实地取样的方法,具备条件时,可采用走航式适航水深测量的方法。

六、航道疏浚工程主要检验项目（JTS 257—2008　3.2.3）

（1）无备淤深度的航道疏浚工程设计底边线以内水域严禁存在浅点,设计底边线以内水域的开挖范围应满足设计要求,开挖断面不应小于设计开挖断面。（强制性条款）

（2）有备淤深度的航道疏浚工程的设计底边线以内的中部水域不得存在浅点。

（3）有备淤深度的航道疏浚工程边缘水域的底质为中、硬底质时,不得存在浅点;边缘水域的底质为软底质时,浅点不得在测图的同一断面或相邻断面的相同部位连续存在,浅点数不得超过该水域总测点的2%,浅点的浅值不得超过现行JTS 257有关规定。（强制性条款）

（4）边坡的开挖范围和坡度应满足设计要求。

七、维护性疏浚主要检验项目（JTS 257—2008　3.3）

1）设计底边线以内水域的开挖范围和水深应满足设计要求。开挖断面不应小于设计开挖断面。

2）中、硬底质的一次性维护疏浚工程,设计底边线以内水域不得存在浅点。检验数量:施工单位、监理单位全数检查。检验方法:检查竣工水深图和断面图,必要时抽查检查。（强制性条款）

3）软底质和有备淤深度的一次性维护疏浚工程,应对中部水域和边缘水域分别进行质量检验,并应符合下列规定。

（1）中部水域不得存在浅点。

（2）边缘水域的浅点不得在测图的同一断面或相邻断面的相同部位连续存在,浅点数不得超过该水域总测点的3%,浅点的浅值不得超过现行JTS 257有关规定。

第二节　疏浚与吹填工程施工

一、疏浚施工一般规定（JTS 207—2012　5.1）❶

（1）挖泥船的选择应综合工程特点、工程量、工期、土质、水文、气象、水深条件和疏浚土管理方式等因素,并结合疏浚设备技术性能确定。

---

❶　本文所指JTS 207—2012为《疏浚与吹填工程施工规范》（JTS 207—2012）。

(2)施工前应结合现场条件和工程特点,在施工组织设计的基础上细化工艺方案和参数;施工中应遵循在保证设备安全和工程质量的前提下提高产量、降低成本和缩短工期的原则,严格执行操作规程,控制施工参数的准确运行和不断校核优化;新设备投入施工或新辟地区工程开工之初应收集各项施工信息和进行必要的施工测定。

(3)施工中应定期进行水深检测,检测周期视施工设备、方法及施工阶段确定,施工后期特别是扫浅阶段检测周期应缩短,施工测量按现行行业标准《疏浚与吹填工程设计规范》(JTS 181—5)的有关规定执行。

(4)挖泥船施工定位精度应满足工程质量的要求;挖泥船宜采用 GPS 定位,也可采用前方交会等方法定位。

(5)施工中水位站应保持与挖泥船的通讯联络畅通,并按时向挖泥船准确通报水位。

(6)挖泥船挖掘机具下放深度应根据水位变化情况及时调整。

(7)挖槽边坡应根据设计要求计算放坡宽度,按矩形断面开挖;若泥层较厚,应分层按阶梯形断面开挖;边坡分层的台阶厚度应依据土质及挖泥船性能设定。

二、疏浚与吹填施工质量管理(JTS 207—2012 7.2)

1)疏浚工程挖槽平面控制应满足下列要求:

挖泥船施工定位采用的仪器及定位系统应符合规格书的精度要求,并定期进行校验。施工期间应定期对挖泥船定位系统进行检查、校准。

2)挖泥定位应符合下列规定:

(1)配置实时定位和显示系统的挖泥船作业时连续显示船位。

(2)绞吸挖泥船的定位钢桩保持在预先设计的参考线上。

(3)采用导标控制挖泥船船位时,导标灵敏度满足工程精度要求,施工中按规定及时对标校准船位。

(4)采用光学仪器交会法定位时,控制点和使用的仪器经校验并保持合格,交会角度及交会点位精度满足工程要求。

(5)非连续定位时,船位校核时间间隔视施工进度定位精度要求和现场条件确定。

3)疏浚工程挖槽深度控制应满足下列要求:

(1)施工期间应定期对水尺、验潮仪、实时潮位遥报系统进行校核,水位通报应符合 JTS 207—2012 第 4.3.5 条的有关规定。

(2)施工前应校验挖泥船的挖深指示标尺和仪器,施工中应定期校核,挖深指示精度应满足要求;实际挖深指示应根据挖泥船的吃水变化进行修正。链斗挖泥船挖深指示标尺和仪器,应根据斗链的磨损情况增加修正值。抓斗挖泥船在流速较大的地区施工时,应根据抓斗漂移情况修正平面位置和下放深度。

(3)施工时应根据土质、泥层厚度、波浪和水流条件、挖泥产生的残留层厚度,施工期可能出现的回淤等因素适当增加施工超深量。超深量应随时间推移和实测资料进行修正。

(4)挖泥时应根据水位的变化及时调整绞刀、耙头、泥斗的下放深度。

(5)绞吸挖泥船、链斗挖泥船开挖底层时,应严格掌握挖掘深度和平整度,除因水位变化外横移过程中不应改变挖掘深度。

（6）工期较长且有回淤的工程,宜先挖上层和回淤较小的地段,最后开挖底层和回淤严重地段,并根据开挖距交工时间的长短预留不同的备淤深度 。

（7）码头、护岸和其他水工建筑物前沿挖泥,必须严格按设计的要求控制超挖。

4）质量监测应符合下列规定:

（1）施工过程中,应利用计算机及电子信息技术实时监测挖泥状态。同时应进行自测,并做好每班施工地段的自检质量记录 出现偏差时应及时采取改进措施。

（2）测量精度应符合现行《疏浚与吹填工程设计规范》(JTS 181-5)有关规定并及时向挖泥船报送测量成果。

（3）应定期对挖泥船的施工质量进行检测。正常施工时斗式挖泥船、绞吸挖泥船宜每前进 3 倍船长检测一次,耙吸挖泥船宜每周检测一次。冲淤较大的地区,应增加检测次数。中途停工超过 10 天,在停工时和复工前均应对挖槽进行水深测量。工程收尾扫浅阶段应加大检测密度;必要时,应随时检测。

（4）吹填施工时应定期对管口、吹填高程、沉降和围埝位移量等进行检测。

（5）施工期应定期对管线、吹填区、围埝进行巡视,对装、运、抛泥和溢流情况进行监视。

5）吹填工程的质量控制应符合下列规定:

（1）定期校核控制吹填高程用的临时水准点和标尺。

（2）控制吹填管口高程并进行吹填区的高程测量,及时延伸排泥管线、调整管口的位置、方向及排水口的高度。

（3）对平整度要求较高的吹填工程,配备相应机械在吹填的同时进行整平并配合管线架设。

（4）定期进行沉降观测,并根据观测的地基沉降量和固结量,及时调整管口和实际吹填高程。

6）吹填土料有要求的吹填工程土质控制应符合下列规定:

（1）选择土质符合设计要求的取土位置,并对土质进行核对。

（2）船载吹填土在船舱内取样检验。

（3）及时延伸排泥管线、调整管口的位置、方向及排水口的高度。

（4）淤泥地基上进行吹填,可以采用分层吹填的方法。

（5）可以将吹填区划分成若干小区进行吹填。

第七章　船闸工程质量控制

第一节　施　工　监　测

施工期应进行下列观测和监测:(JTS 218—2014　3.0.3)❶

(1)地下水位观测;

(2)施工围堰、基坑、船闸坞工结构的沉降、位移观测;

(3)施工影响范围内建筑物的沉降、位移、混凝土裂缝等观测;

(4)设计要求的渗流、结构温度应力等监测。

第二节　围　堰　工　程

一、土石围堰

1)土石围堰顶宽应满足施工需要和防汛抢险要求,且不宜小于3.0m;当有交通需求或机械设备通行时应按实际需要确定且坡顶线与路边缘的距离应不小于0.5m。

2)土石围堰高度大于6.0m时,背水侧宜设置戗台;戗台的宽度不宜小于1.5m。

3)土石围堰材料应满足下列要求:

(1)均质土宜选用粉质黏土,黏粒含量宜为15%~30%,土料渗透系数不宜大于1×10^{-4}cm/s,填筑土料含水率与最优含水率的偏差不宜超过4%;非均质土围堰应设置防渗体。

(2)滤层应选用水稳定性好的砂砾料,含泥量宜小于6%。

4)当堰顶有道路交通要求时,土石围堰的压实标准应满足下列要求:

(1)黏性土压实度不应小于0.90,高度超过6.0m的围堰不宜小于0.92。

(2)砂性土的相对密实度不应小于0.60;高度超过6.0m的围堰的相对密实度宜大于0.65。

5)过水土石围堰应做好溢流面、堰趾下游基础和两岸接头的防冲保护。过水前应向基坑充水形成水垫,基坑边坡覆盖层应预先做好反滤压坡等防护措施,防冲材料可采用竹笼、钢筋石笼或混凝土柔性板等。

6)过水土石围堰应分析研究围堰过水水力条件,必要时应通过水工模型试验论证消能防冲措施方案。

---

❶ 本文所指JTS 218—2014为《船闸工程施工规范》(JTS 218—2014)。

7）过水土石围堰运行期应分别对不同运行水位和充水、过流、退水等不同工作状态进行堰体及堰基稳定性验算。

8）过水土石围堰运行期，必须依据过水条件及围堰结构形式特点，对下列堰体部位，进行分部结构的专项设计，并满足水力设计、强度及稳定性要求：

（1）围堰堰顶激流结构；

（2）围堰下游坡面的护面结构；

（3）围堰下游水面衔接处消能防冲设施；

（4）围堰防冲设施。

二、钢板桩围堰

1）钢板桩围堰的堰顶高程应根据设计高水位、波浪高度和富裕高度确定，并满足导梁和拉杆在施工水位以上安装的要求。

2）钢拉杆的直径应由强度计算确定，钢拉杆总长度大于 12m 时，宜采用张紧器连接，并在靠近板桩墙的两端各设置一个竖向铰，钢拉杆总长度小于 12m 时，可只在一端设置竖向铰，张紧器两侧的拉杆长度大于 12m 时，宜分节制作，每节长度不宜大于 12m，分节之间可采用螺纹连接或焊接。

3）钢板桩围堰的计算应包括下列内容：

（1）围堰的整体稳定性验算；

（2）围堰的地基承载力验算和地基沉降计算；

（3）板桩入土深度计算；

（4）板桩的强度验算；

（5）拉杆和导梁的强度验算；

（6）围堰的渗透稳定性验算。

三、围堰合龙

1）围堰施工应在基坑施工方案审批确定后实施并和基坑施工统筹安排。

2）围堰宜在枯水期合龙。

3）水中围堰合龙应符合下列规定：

（1）合龙施工前应编制合龙施工专项方案，充分做好施工材料、施工设备、施工场地和现场组织等施工准备工作。

（2）在施工条件许可时，土石围堰合龙施工应从两端同时向龙口推进。

（3）合龙施工顺序宜为戗堤进占、龙口加固、龙口合龙、围堰闭气、堰体培高增厚。

四、围堰拆除

1）围堰拆除应制定专项方案，且应在围堰内土建工程、机电设备安装工程通过专项验收后进行。

2）主围堰拆除时严禁发生水体自流通过全闸的通闸现象。

第三节　基坑和地基基础工程

一、基坑施工准备

基坑工程施工前应具备下列资料:

(1)基坑设计施工图;

(2)基坑施工专项方案,包括基坑支护、土方开挖、基坑降排水、基坑监测方案,质量及安全保证措施等。

二、基坑设计

基坑设计应包括下列内容:

(1)基坑的边坡稳定性和渗流稳定性验算;

(2)防渗漏措施;

(3)基坑降水、排水计算;

(4)支护结构的承载力、变形计算及周边环境影响控制;

(5)基坑监测要求。

三、基坑开挖

(1)放坡开挖支护设计应包括下列内容:

①边坡断面设计,包括坡脚位置、放坡平台、坡度及坡面防护等;

②边坡稳定性验算。

(2)边坡坡脚与坑底局部深坑、坑内待建的建(构)筑物的最近距离不宜小于1.0m。

(3)土质边坡的单级坡高宜在4~6m,岩石边坡的单级坡高宜在6~12m。采用多级边坡时,土质边坡放坡平台宽度不宜小于3m,岩石边坡放坡平台宽度不宜小于1m。

(4)边坡坡度应根据土层特性、基坑开挖深度确定,黏土层中不宜陡于1:1,砂土层中不宜陡于1:1.5,淤泥质土层中不宜陡于1:2,岩石边坡不宜陡于10:1。

(5)船闸基坑边坡的稳定性验算应符合现行《水运工程地基设计规范》(JTS 147)的有关规定。多级放坡时应同时验算各级边坡和边坡整体的稳定性。边坡坡脚与坑底局部深坑边沿最小距离不大于2倍深坑深度时,应按深坑的深度验算边坡稳定性。

(6)当船闸基坑边坡水文地质情况或周边环境较为复杂时,宜对施工过程中的边坡稳定进行数值模拟分析。

(7)基坑开挖时,基底应预留保护层。在船闸结构垫层施工前,采用对基底扰动较小的方式挖除。土基坑保护层厚度宜为0.3~0.5m,严寒地区适当加厚;岩石基坑宜为1.0~1.5m。保护层挖除后应立即进行结构垫层施工。

(8)基坑开挖过程中必须监测边坡稳定及基坑周边构筑物情况,当出现塌方、涌水等危及基坑安全的迹象时,必须立即采取适宜的基坑保护措施。

（9）基底设集水坑时,坑内水位应始终低于建基面0.7m;基坑顶部应设置截水沟,截水沟外侧水流不得流入基坑内。

（10）基坑径流排水设备根据基坑径流量及基坑设计施工要求确定,设备的排水能力应现场测定,其额定排水能力不宜小于基坑径流排水量的2倍。

（11）基坑降水过程中应定期监测基坑周边建筑物的沉降和位移,并对监测结果进行分析,必要时应采取应对措施。

（12）基坑开挖过程及开挖完成后,严禁在基坑周围堆放超出设计允许的荷载。

（13）船闸基坑开挖分项工程宜按设计结构单元划分。基坑开挖前必须对施工围堰进行专项检查验收。在施工过程中,应按照观测方案对围堰结构进行沉降、位移及变形监测和记录,发现异常情况应及时处理。

四、地基处理

1）在进行地基处理前,应完成下列工作:

（1）搜集详细的水文、地质等资料;

（2）调查邻近建筑、地下工程和有关管线等情况;

（3）编制地基处理施工方案;

（4）完成设备和材料准备。

2）换填地基施工应根据不同的换填材料选择施工机械。素填土宜采用平碾或羊角碾,砂石等宜用振动碾和振动压实机。当有效夯实深度内土的饱和度小于0.6时,可采用重锤夯实。

3）振冲碎石桩复合地基或振动沉管碎石桩复合地基施工应符合下列规定:

（1）重要工程和地质条件复杂的工程,应通过现场试验确定施工工艺和控制参数。

（2）施工现场应按环境保护要求对噪声、振动和泥浆排放等影响环境的因素进行控制。

（3）桩体材料、施工设备、施工工艺和施工控制应符合现行《水运工程地基设计规范》（JTS 147）的有关规定。

4）地基与基础分项工程检验批宜按设计结构单元划分。

水泥搅拌体、旋喷桩、帷幕灌浆和岩石固结灌浆等地基处理分项工程正式施工前应进行试验段施工,记录施工参数及处理效果。

帷幕灌浆和岩石固结灌浆等地基处理分项工程在施工结束并经过设计确定的间歇期后,应对处理的效果进行检测。检测的项目、数量和结果应满足设计要求。

五、灌注桩施工

1）灌注桩施工应根据现场条件选择合适的成孔成桩工艺、设备及泥浆循环系统。废弃泥浆及钻渣处理应满足环保要求。

2）护筒制作与埋设、泥浆性能指标、钢筋笼制作与安装、混凝土配比与浇筑等应符合现行《码头结构施工规范》（JTS 215）和《码头结构设计规范》（JTS 167）的有关规定

3）灌注桩成孔施工的允许偏差应符合现行《水运工程质量检验标准》（JTS 257）的有关规定。

第四节　其他工程施工

一、沉井施工

沉井施工前应做好下列准备工作：

（1）根据水文地质等外部条件和可能出现的情况编制施工技术方案；

（2）对附近的堤防、建筑物和施工设备采取有效的防护措施；

（3）对洪汛、通航及漂流物等做好调查研究，需要在施工中度汛的沉井，制订必要的度汛措施，确保安全。

（4）根据水文、地质条件，沉井周边环境，沉井下沉可采用排水法下沉或不排水法下沉，对于多个连续沉井可采用阶梯形同步下沉的方式。

二、闸首与闸室工程

1）闸首、闸室和输水廊道等混凝土结构的浇筑应满足下列要求：

（1）混凝土浇筑应以永久伸缩缝为界面划分浇筑单元。分层浇筑当有高低不同的层面时，应设斜面过渡段。

（2）分层浇筑时，每次浇筑高度不宜大于 4.0m，强约束区宜控制在 2.5m 内。覆盖闸首帷幕灌浆区的首次混凝土浇筑，其浇筑高度应控制在 1.0m 内。

（3）上下层与相邻段混凝土浇筑的间隔时间不宜超过 14d。

（4）混凝土的浇筑强度应与每次浇筑的分层厚度相适应，连续浇筑时，上下层浇筑间隔时间应小于混凝土的初凝时间；浇筑面积过大时，宜采用阶梯分层浇筑。

（5）施工缝凿毛可采取化学法、机械或人工凿毛，二期混凝土的施工缝宜采用人工凿毛，凿毛处理后的施工缝应符合现行《水运工程混凝土施工规范》（JTS 202）的有关规定。混凝土浇筑前，应清除施工缝上的一切杂物。

（6）输水廊道混凝土结构应控制收缩裂缝，施工中宜留设后浇带。

2）地下连续墙施工应满足设计要求，并符合有关规定。

3）地下连续墙成槽宜采用铣槽机或液压抓斗和与之配套的渣浆分离设备。

三、伸缩缝、沉降缝、止水

（1）止水带安装前应整修平整，表面油、污与浮皮等应清除干净，不得有砂眼与钉孔。

（2）铜止水片搭焊长度不宜小于 20mm，并应采用连续双面焊，必须保证焊缝不漏水。橡胶止水带连接宜采用硫化热黏结；PVC 止水带连接应按厂家要求进行，可采用热黏结，搭接长度不小于 10cm。接头应逐个检查并确保合格。铜止水片与 PVC 止水带接头宜采用螺栓栓接法，栓接长度不宜小于 35cm。

（3）伸缩缝、沉降缝填料板若需接头，则其接头处应保持紧密贴靠，不留间隙。

（4）止水带安装的位置应满足设计要求。

（5）在浇筑止水带附近的混凝土时，应防止止水带发生破坏和圈曲，止水带与混凝土结合应严密。

（6）在现浇混凝土结构中，填料板安装后应保持接触面平整、垂直、紧贴，止水带与板的接合处不得留有间隙。

四、水泥土防渗体

（1）水泥土防渗体配合比应满足设计要求。当设计无要求时，应通过现场试验确定。

（2）采用高压旋喷桩形成的水泥土防渗体施工应符合现行《建筑地基处理技术规范》（JGJ 79）的有关规定。

（3）采用搅拌工艺形成的水泥土防渗体施工应符合现行《建筑地基处理技术规范》（JGJ 79）的有关规定。

五、墙后回填

（1）回填施工前宜进行压实试验性施工。

（2）在墙后回填前应对结构进行检查，施工中产生的缺陷，施工措施预留的孔、洞应及时修补并应采取防渗措施。对伸缩缝、沉降缝应进行防渗处理。

（3）回填土应水平分层、由内向外、层厚均匀，每层压实厚度不超过 30cm。应控制回填速度。

（4）回填宜对称进行，相邻段的填土高差应满足设计要求。

（5）压实的质量应以干密度或压实度指标控制，压实质量应满足设计要求，宜采用机械压实。

（6）墙后分项工程检验批宜按设计结构单元或施工段划分。

墙后回填前应对闸室墙体施工缝、表面缺陷和防渗处理等进行检查和验收。

应对板桩和地连墙墙后回填施工过程中墙体的位移情况进行观测和记录。

第八章　机电工程质量控制

第一节　原材料进场基本规定

（1）对属于下列情况之一的钢材，应进行抽样复验，其复验结果应符合现行国家产品标准和设计要求：①国外进口钢材；②钢材混批；③板厚大于或等于40mm，且设计有Z向性能要求的厚板；④建筑结构安全等级为一级，大跨度钢结构中主要受力构件所采用的钢材；⑤设计有复验要求的钢材；⑥对质量有疑义的钢材。

检查数量：全数检查。

检验方法：检查复验报告。

（2）钢板厚度及允许偏差应符合其产品标准的要求。

检查数量：每一品种、规格的钢板抽查5处。

检验方法：用游标卡尺量测。

（3）型钢的规格尺寸及允许偏差应符合其产品标准的要求。

检查数量：每一品种、规格的型钢抽查5处。

检验方法：用钢尺和游标卡尺量测。

（4）钢材的表面外观质量除应符合国家现行有关标准的规定外，尚应符合下列规定：

①当钢材的表面有锈蚀、麻点或划痕等缺陷时，其深度不得大于该钢材厚度负允许偏差值的1/2。

②钢材表面的锈蚀等级应符合现行《涂覆涂料前钢材表面处理　表面清洁度的目视评定》（GB/T 8923）规定的C级或C级以上。

③钢材端边或断口处不应有分层、夹渣等缺陷。

检查数量：全数检查。

检验方法：观察检查。

（5）焊接材料的品种、规格、性能等应符合国家现行有关标准和设计要求。

检查数量：全数检查。

检验方法：检查焊接材料的质量合格证明文件、中文标志及检验报告等。

（6）重要钢结构采用的焊接材料应进行抽样复验，复验结果应符合国家现行有关标准和设计要求。

检查数量：全数检查。

检验方法：检查复验报告。

（7）焊条外观不应有药皮脱落、焊芯生锈等缺陷；焊剂不应受潮结块。

检查数量：按量抽查1%，且不应少于10包。

检验方法:观察检查。

第二节　钢结构焊接

(1)首次使用的钢材、焊接材料、焊接方法、焊接工艺参数、焊接位置预热和焊后热处理等应按现行《现场设备、工业管道焊接工程施工规范》(CB 50236)和《钢结构焊接规范》(GB 50661)的有关规定进行焊接工艺评定。

(2)等厚件对接焊缝接头的错边量应小于接头厚度的10%且不得大于2mm。

(3)待焊接的表面及距焊缝坡口边缘位置30mm范围内不得有影响正常焊接和焊缝质量的氧化皮、锈蚀、油脂、水等杂质。

(4)在焊接接头的端部应设置焊缝引弧板、引出板,应使焊缝在提供的延长段上引弧和终止。焊条电弧焊和气体保护电弧焊焊缝引弧板、引出板长度应大于25mm,埋弧焊引弧板、引出板长度应大于80mm。引弧板、引出板和钢衬板的强度不应大于被焊母材强度,且应具有与被焊母材相近的焊接性。

(5)当焊接环境出现下列任一情况,且无有效处理或保护措施时,应禁止施焊:

①焊条电弧焊、自保护药芯焊丝电弧焊、埋弧焊,风速大于8m/s;

②气体保护焊,风速大于2m/s;

③相对湿度大于90%;

④焊接作业区暴露于雨雪中。

(6)焊接环境温度低于0℃但不低于-10℃时,应采取加热或防护措施,确保接头焊接处各方向不小于2倍板厚且不小于100mm范围内的母材温度,不低于20℃或规定的最低预热温度二者的较高值,且在焊接过程中不应低于这一温度。焊接环境温度低于-10℃时,必须进行相应焊接环境下的工艺评定,试验合格后再进行焊接。

(7)同一部位两次返修仍不合格时,应重新制订返修方案并经业主或监理认可后实施。

(8)焊缝坡口形式应满足设计要求,并应符合现行《气焊、焊条电弧焊、气体保护焊和高能束焊的推荐坡口》(GB/T 985.1)和《埋弧焊的推荐坡口》(GB/T 985.2)的有关规定。

检验数量:施工单位全部检查。

检验方法:观察检查,必要时测量检查。

(9)焊缝外形应均匀,焊道与焊道、焊道与金属间过渡应平滑,焊渣和飞溅物应清理干净。

检验数量:施工单位、监理单位全部检查。

检验方法:观察检查。

第三节　设备涂装

(1)除锈方法和除锈等级应符合设计要求和现行《涂覆涂料前钢材表面处理　表面清洁度的目视评定》(GB/T 8923)的有关规定。

(2)涂料的配置、涂装层数和涂层厚度应符合设计和产品技术文件的有关规定。

(3)涂装应均匀,无明显起皱、流挂,附着应良好。

(4)涂装时的环境温度和相对湿度应符合产品技术文件的规定。当无规定时,环境温度宜在5~38℃,相对湿度不应大于85%。钢板表面温度不应高于露点温度3℃,大风扬尘时不得进行涂装。

(5)露天或接触腐蚀性气体的钢结构的高强度螺栓连接处板缝,应在高强度螺栓拧紧检查验收合格后及时填充封闭。

(6)安装焊缝连接处应留出50~100mm暂不涂装,待焊接完成并经验收合格后涂装。

(7)零部件发生涂层损坏时,应按修补工艺要求进行逐层修补。

(8)面漆的最终复涂或修补应在空载调试运转合格后进行。管路面漆的涂装或补漆应在管路系统压力试验合格后进行。

(9)防火涂料的施工,应符合现行《钢结构防火涂料》(GB 14907)的有关规定。

(10)热喷涂金属涂层施工,应符合现行《热喷涂 金属零部件表面的预处理》(GB/T 11373)和《热喷涂 金属和其他无机覆盖层 锌、铝及其合金》(GB/T 9793)的有关规定。

(11)港口设备的行走机构、吊钩滑轮架及扶手、栏杆的涂装颜色应符合现行《安全色》(GB 2893)的有关规定。

(12)钢结构涂装的主要检验项目应满足以下要求:

①涂装前钢材表面除锈应满足设计要求,并应符合现行《涂覆涂料前钢材表面处理 表面清洁度的目视评定》(GB/T 8923)的有关规定。处理后的钢材表面不应有焊渣、焊疤、灰尘、油污和毛刺等。

检验数量:施工单位、监理单位全部检查。

检验方法:按现行《涂覆涂料前钢材表面处理 表面清洁度的目视评定》(GB/T 8923)的有关规定观察检查,必要时用铲刀检查。

②油漆、稀释剂和固化剂的种类、规格和性能应满足设计要求。

检验数量:施工单位、监理单位全部检查。

检验方法:检查出厂质量证明文件。

③金属喷涂所用的材料质量应满足设计要求,并应符合现行《热喷涂 金属和其他无机覆盖层 锌、铝及其合金》(GB/T 9793)的有关规定。

检验数量:施工单位、监理单位全部检查。

检验方法:检查出厂质量证明文件。

④防火涂料的黏结强度和抗压强度应满足设计要求,并应符合现行《建筑构件耐火试验方法》(GB/T 9978)的有关规定。

检验数量:施工单位每使用100t或不足100t薄涂型涂料抽样检验1次,每使用500t或不足500t厚涂型涂料抽样检验1次,监理单位见证抽样检验。

检验方法:检查出厂质量证明文件和抽样检验报告。

(13)钢结构涂装的一般检验项目应满足以下要求:

①油漆涂料涂装应符合下列规定:

a.涂装遍数、涂层厚度应满足设计要求。当设计无要求时,涂层干漆膜总厚度室内应为125μm,室外应为150μm,其允许偏差为-25μm。

检验数量:施工单位抽查构件总数的10%,且同类构件不少于3件,监理单位见证检验。

检验方法:采用漆膜测厚仪测量。

b.涂装应均匀,不应有漏涂、明显起皱和流挂等现象。构件的涂层破坏应及时进行补涂。

检验数量:施工单位、监理单位全部检查。

检验方法:观察检查。对涂层附着力有疑问时做附着力检查。

②金属喷涂涂装应符合下列规定:

a.涂装的遍数、涂层厚度应满足设计要求。当设计无要求时,喷铝层宜为$120\sim150\mu m$,喷锌层宜为$120\sim250\mu m$。

检验数量:对一般构件,施工单位抽查构件总数的10%,且同类构件不得少于3件。

对于闸阀门、坞门等构件,每$10m^2$在$100cm^2$面积内抽测10个点厚度,大于或等于设计厚度的点数不应少于85%,最小值不应小于规定范围的下限;当设计对下限未做规定时,应取设计值的85%,监理单位见证检验。

检验方法:采用漆膜测厚仪测量。

b.涂层应均匀,表面不应有针眼缺陷和可见粗颗粒。

检验数量:施工单位全部检查。

检验方法:观察检查。

③防火涂料涂装应符合下列规定:

a.涂层厚度应满足设计要求。

检验数量:施工单位抽查构件总数的10%,且同类构件不少于3件,监理单位见证检验。

检验方法:采用涂层厚度测量仪、测针和钢尺测量。

b.涂层应均匀,不应有漏涂、涂层不闭合、脱层、空鼓和粉化松散等缺陷。检验数量:施工单位全部检查。

检验方法:观察检查。

④涂装完成后,构件的标志、标记和编号应完整。

检验数量:施工单位全部检查。

检验方法:观察检查。

(14)磨料、除锈、表面粗糙度要求如下:

①喷射清理用金属磨料应符合相关要求;

②根据表面粗糙度的要求,选用合适粒度的磨料;

③热喷铸、喷铝,钢材表面处理分别应达到现行《涂覆涂料前钢材表面处理 表面清洁度的目视评定》(GB/T 8923)规定的Sa2.5,Sa3级;

④无机硅酸钵底漆,钢材表面处理应达到现行《涂覆涂料前钢材表面处理 表面清洁度的目视评定》(GB/T 8923)规定的Sa2.5,Sa3级;

⑤环氧富钵底漆,钢材表面处理应达到现行《涂覆涂料前钢材表面处理 表面清洁度的目视评定》(GB/T 8923)规定的Sa2.5级;

⑥不便于喷射除锈的部位,手工或动力工具除锈至现行《涂覆涂料前钢材表面处理 表面清洁度的目视评定》(GB/T 8923)规定的St3级;

⑦钢材表面粗糙度为$Rz30\sim75\mu m$,且表面粗糙度不大于涂层总厚度的1/3。

第四节　设　备　开　箱

开箱检验应由建设单位、监理单位、施工单位和供货单位共同进行,并应做出设备开箱检验记录。开箱检验应包括下列内容:设备及零部件的箱号、箱数和装箱情况;设备及零部件的名称、规格、型号和数量;装箱清单或供货清单、设备技术文件、资料和专用工具;设备表面有无损坏、变形、锈蚀,电器部件有无浸水受潮等;其他需要记录的情况。

设备及零部件、专用工具和各类文件资料应妥善保管。

第五节　安　全　装　置

一、安全装置

1)安全装置的位置、型号、规格和数量应满足设计要求。

2)机内电梯安全装置的安装应符合设备技术文件的有关规定。

3)起重机运行行程限位器的安装应符合下列规定:

(1)起升机构的起升高度限位器安装位置,在吊钩上升到极限位置时,应能立即切断起升动力源,极限位置上方应留有足够的空余高度。

(2)起升机构的下降深度限位器安装位置,在吊钩下降到极限位置时,应能立即切断下降动力源,极限位置时钢丝绳在卷筒缠绕圈数除固定绳尾圈数外不应小于3圈。

(3)起重机或小车的运行行程限位器在达到规定的极限位置时,应能立即切断前进方向的动力源。

(4)变幅机构的幅度限位器在臂架俯仰到达极限位置时,应能立即切断运动方向的动力源。变幅机构的幅度指示器应能正确显示吊具所在幅度或臂架的仰角。

(5)防止臂架向后倾翻装置的安装位置,在变幅机构行程开关失效时,应能阻止臂架的向后倾翻。

(6)回转机构的回转限位和回转锁定装置应工作灵敏、安全可靠。

(7)起重机或小车的缓冲器应有良好的避振和吸收冲击能量的功能,车挡结构应牢固,焊接质量应满足设计要求。

(8)大跨度门式起重机或装卸桥的偏斜指示器或限制器应正确显示偏斜情况。当偏斜达到设计规定值时,应使运行偏斜得到调整和纠正。

4)起重机防超载安全装置的安装应符合下列规定:

(1)起重机限制器在实际起重量大于95%额定起重量时,应立即切断起升动力源,但应允许机构做下降运动。

(2)起重力矩限制器在实际起重量大于实际幅度所对应的起重量额定值的95%时,宜发出报警信号。实际起重量在100%～110%实际幅度所对应的起重量额定值时,应立即切断上升、增幅、臂架外伸等不安全方向的动力源,但应允许机构做安全方向的运动。

（3）回转机构的极限力矩限止装置在回转运动受到阻碍时,应发生旋转滑动动作。

5）起重机抗风防滑和防倾翻装置的安装应符合下列规定:

（1）无锚定装置起重机的制动器、夹轨器、顶轨器等抗风防滑装置应使起重机在非工作状态风荷载作用下不发生滑移。

（2）锚定装置应固定有效、安全可靠。

（3）防倾翻安全钩应牢固可靠,与轨道间隙应满足设计要求。

6）起重机联锁保护装置的安装应符合下列规定:

（1）进入桥式或门式起重机的门和从司机室登上桥架的舱口门,应进行联锁保护。当门打开时,应断开由于机构动作可能会对人员造成危险的机构的电源。

（2）司机室与进入通道有相对运动时,进入司机室的通道口应进行联锁保护。当通道口的门打开时,应断开由于机构动作可能会对人员造成危险的机构的电源。

（3）可在两处或多处操作的起重机,应进行只能一处操作,不能两处或多处同时操作的联锁保护。

（4）既可电动又可手动驱动时,相互间的操作转换应进行联锁保护。

（5）锚定装置、抗风抗滑装置与大车运行机构间应进行联锁保护。

（6）俯仰机构与安全钩间应进行联锁保护。

（7）电缆卷筒收放终端与大车运行机构间应进行联锁保护。

（8）起升和俯仰机构均应设置超速联锁保护。

（9）悬臂梁位置与小车动作间应进行联锁保护,应使俯仰悬臂放平后小车方能运行。

（10）小车停车位置与悬臂梁动作间应进行联锁保护,应使小车在悬臂位置时,悬臂不能进行俯仰动作。

7）起重机其他安全防护装置的安装应符合下列规定:

（1）风速仪和风速报警器在风力大于工作状态的计算风速设定值时,应发出报警信号。

（2）轨道清扫器的扫轨板底面与轨道顶面的间隙应为 $5.0 \sim 10.0 mm$。

（3）报警装置应使大车行走机构工作时发出声光报警信号。

（4）起重机的标记、标牌、安全标志、界限尺寸和净距应符合现行《起重机械安全规程　第1 部分:总则》(GB 6067.1)的有关规定。

（5）登机信号按钮应动作可靠,安装位置应易于触及。

（6）航空信号灯的信号应良好。

（7）避雷针高出航空障碍灯高度不应小于 300mm。

8）输送设备防护装置的安装应符合下列规定:

（1）防偏装置在输送带跑偏到极限位置时应能使电动车在规定时间内停止工作。

（2）防打滑装置在输送带打滑时应能使电动机在规定时间内停止工作并及时报警。

（3）防撕裂装置在输送带发生撕裂、戳破、绞结等损坏时应使电动机在规定时间内停止工作,并及时报警。

（4）过载保护装置在工作电流达到规定值时应使电动机在规定时间内停止工作。

（5）断链报警装置在出现断链事故时应使电动机在规定时间内停止工作,并及时报警。

（6）输送机紧急停车装置在紧急情况下电动机应立即停止工作。急停开关动作后应能锁定,直到人工手动复位。

(7)速度检测装置应具有失速检测、超速检测和断带检测功能,并及时报警。

(8)物料检测装置应具有轻载和满载的检测功能。

(9)堵料报警装置在物料堵塞时应及时报警。

(10)输送带防风装置的防风链安装位置应准确,并固定牢固。

(11)防逆转装置在荷载工况下停止工作时应有效防止逆转产生。

9)起重机和输送机外露有伤人可能的活动零部件时应设置安全有效防护罩。

10)起重机和输送机的露天电气设备应设置有效防雨罩。

11)起重机和输送机梯子、栏杆、走道和平台应符合现行《起重机械安全规程》(GB 6067)的有关规定。

第六节　设备试运转

一、一般规定

(1)试运转应按批准的试运转大纲进行。

(2)送变电、控制系统与装卸输送等设备在受馈电及空载试运行前应作静态检验。

(3)起重设备的性能试验应参照现行《起重机　试验规范和程序》(GB/T 5905)和《港口起重机　验收试验规则》(GB/T 18438)的有关规定。

(4)单位工程应在设备空载试运转达到设计要求后进行交工验收。

(5)在性能考核前应制定考核大纲,确定性能考核的内容和要求。

二、送变电试运行

1)试运行前的准备工作应符合下列规定:

(1)建筑工程和安装工程应完成,运行场所应整洁无杂物。

(2)设备安装应正确,标识牌应齐全。各类变压器、开关、断路器应无渗油、漏气现象。

(3)接地工程应全部结束,接地电阻应符合设计要求。照明系统应正常工作,通信系统应保持畅通。

(4)相序检查应完成。

(5)继电保护整定值应符合设计要求并记录完整。

(6)电气交接试验应符合有关规定并记录完整。

(7)操作电源柜调试应满足设计要求或符合设备技术文件的规定。

(8)开关分、合闸动作应灵活准确,开关位置与操作手柄位置应一致。

(9)操作装置、联锁装置、保护装置、安全装置、监测装置和信号装置等的动作应准确。

(10)安全隔离设施应满足设计要求,安装应牢固。

2)电力变压器试运行前的检查应符合下列规定:

(1)本体、冷却装置和附件应无缺陷,密封应完好、无渗油。

（2）油漆应完整,相色标识应正确。

（3）汽油管路中阀门应操作灵活,开闭位置应满足运行要求,油位应正确。

（4）中性点应直接接地,保护接地与主接地网的连接方法应正确,接地电阻值应符合设计要求。

（5）分接头螺栓应紧固,位置应满足运行要求。

（6）测温及其他保护装置安装位置和信号接点应正确。

（7）交接试验应完成,试验报告应齐全。

（8）继电器保护整定试验应满足设计要求。

3）试运行应符合下列规定:

（1）高压柜及柜内高压开关、互感器、电容器、变压器和避雷器等设备不应有异响,开关的接点应无电弧烧损,母线的焊口、搭接头应无过热现象。

（2）操作机构分、合闸动作应可靠,断路器、接触器开关位置应正确。

（3）变压器应进行冲击合闸试验5次。空载运行时三相电流应平衡,油温、油位和各项保护装置应正常,试验时间不应少于24h。

（4）低压开关和低压电器铁芯的声音应正常,线圈和接线端子应无过热现象。

（5）所有仪表应工作正常、显示准确。

（6）功率因数自动补偿装置运行应正常。

（7）继电保护动作应在整定值误差范围内。

（8）操作、联锁、保护、安全和信号装置应动作准确。

三、工业过程控制用计算机程序试验

1）试验前应按下列规定进行检查:

（1）各设备元器件应无损伤、变形、潮湿生锈和脏污异物等。

（2）元器件应固定牢靠,密封无异常,标号和线号应齐全。

（3）插座和插件连接应无松脱,灯、键、开关和仪表等应无缺损。

（4）电源进线回路、盘内外控制回路、变压器、开关和熔断器等的连接应符合设计要求。

（5）保护接地线、屏蔽线和信号线的连接应正确。

（6）系统网络通信线缆应按设计要求正确敷设和连接。终端电阻、屏蔽等应按设计和产品技术文件要求进行正确配置。

（7）网络中各设备节点地址应设置正确。

（8）PLC系统各机架、模块应符合设计要求,且正确安装并固定到位。

（9）控制程序和监控画面的组态应编制完成,并应在实验室完成模拟测试。

2）系统中各单元的调试应符合设备技术文件的规定。

3）系统试验应符合设备技术文件的规定。当无规定时,应符合下列规定:

（1）应进行抗环境干扰检查,大电机启动和开关、接触器、非线性元器件变频器、UPS等进行投切动作时,控制系统运行应正常。

（2）应进行电源断电检查,当系统无UPS电源设备时,应进行断电再复电检查,保护功能应正常。

4)程序控制软件调试应按设计编制的试验大纲进行。当无规定时,应符合下列规定。

(1)在各信号输入端口,应按生产工艺的不同流程加入相应的模拟动作信号,确认程序控制能按工艺要求准确运行并进行各种显示。

(2)应检查各种运行方式和联锁的正确性与可靠性。

(3)应检查保护开关和紧停开关工作的可靠性。

(4)应检查控制程序、监控画面显示和现场各执行元器件动作的一致性。

四、单机试运转

1)设备受、馈电及试运转前应按下列要求进行静态检查:

(1)设备外观整洁,无妨碍设备运转的障碍物及杂物;

(2)所有连接部位及机构等受力部位的螺栓已紧固;

(3)现场施工的焊缝完整,无缺陷;

(4)平台、走道、栏杆、扶梯和踏步的焊接及安装牢固;

(5)钢丝绳绳端固定牢固,在卷筒、滑轮组中缠绕正确;

(6)转动件和滑动件等运动部件的就地或自动润滑装置安装正确,铰点和注油位置已按要求加注润滑油及工作油;

(7)各机构减速器润滑油加注正确,油位符合要求;

(8)液压系统的油位和油品符合要求;

(9)各机构的制动轮无卡阻现象;

(10)运行机构的车挡、缓冲挡块、终点和减速区域等的安全装置安装正确,动作正常;

(11)管道系统安装正确,阀门开启等正常;

(12)电气信号、电气控制保护、绝缘测试和耐压试验等满足设计要求和符合设备技术文件的规定,电气安装及接线准确无误;

(13)继电保护整定值检查完成;

(14)相序检查完成;

(15)开关位置正确;

(16)程序试验结果满足设计要求;

(17)接地系统施工完毕,接地电阻符合设计要求;

(18)照明系统正常工作;

(19)消防系统已储备符合设计要求的水量和泡沫原液等灭火介质;

(20)管道附属设备、消防设备和环保设备安装符合设计要求和设备技术文件的规定。

2)试运转前每一机构或装置应拆开联轴器,确认电动机、冷却风机的转向;不宜拆开的机构或装置应以点动确认。

3)机构和装置的运行方向应与操作机构操作标识一致,运行应平稳。应分别按顺序作空载试运转,并应按机构或装置的功能,进行不少于两次的全行程运转,连续运转的机构或装置运转的时间不应少于2h。运转结果和性能应符合设计要求。

4)机构或装置的工作行程和极限位置应进行测定和调整,调整到规定位置后应动作无误、定位准确。制动和限位装置在工作时不得产生异常的振动。

5)设备的转动部位、轴承和铰点应转动灵活,不应有异常的声响。

6)连接紧固件不应松动。

7)主令开关、联锁、制动、限位开关和各种电气保护装置等应动作灵敏、正确可靠,仪表信号应正确显示。

8)轴承温升应符合设备技术文件的规定。当无规定时,轴承温度应符合表8-1的规定。

轴 承 温 度 表8-1

轴 承 形 式	滚 动 轴 承	滑 动 轴 承
温度(℃),不高于	80	60

9)机构和装置的运转速度和电动机的电流、电压、温升等应符合设计要求和设备技术文件的规定,并应进行记录。

10)驱动单元在运行速度范围内的最大振动值应符合设备技术文件的规定,并应进行记录。

11)制动器制动片调整、制动时间和同步性应符合设计要求和第3.3节的有关规定。

12)卷取装置力矩马达的力矩和制动器制动力矩应调整到在行走过程中电缆能保持适当的松弛度,且收缆和放缆速度应与运行机构的速度相协调。

13)电梯启动、运行和停止对轿厢应无较大的振动和冲击。制动器工作应可靠,平层度应符合设计要求。

14)输送机械张紧装置的配重箱或张紧小车应在张紧行程内正常工作。

15)输送机的胶带应在托辊长度范围内对中运行。

16)链轮系统中链条和板链与链齿啮合时应运转正常、平稳可靠。

17)液压和气动系统调试应符合下列规定:

(1)液压系统用的液体应经过滤后再充入系统内;充液体时,应开启系统内的排气口,并应把系统内的空气排除干净。

(2)安全阀、保压阀、压力继电器、控制阀、蓄能器和溢流阀等应按设备技术文件的要求进行调整,其动作应正确、灵敏和可靠。

(3)活塞、柱塞、滑块、工作台等移动件和装置,在规定的行程和速度范围内移动,应动作5~10次,油缸和气缸运行应平稳灵活,不应有振动、爬行和停滞现象;换向和卸压不得有不正常的冲击现象。液压元件的动作和动作顺序,应正常、正确和可靠。

(4)各接头接合面密封处不得有渗漏,管路应无异常变形。

(5)液压系统负荷试验,应符合下列规定:

①调节压力阀和流量阀,逐步开启,无异常后,在系统工作压力、正常油温和额定荷载下连续运转,其时间不少于30min。

②液压系统压力采用不带阻尼1.5级的压力表测量,其波动值符合相关规定。

③液压系统的油温在温升幅度不大于2℃/h达到热平衡后进行测量,其温升不大于25℃,正常工作温度为30~60℃。

④油位正常。

18)润滑系统的试验应符合下列规定:

(1)润滑系统调试时润滑系统的润滑油、脂,其性能、规格和数量应符合设备技术文件的规定。

(2)双线式润滑脂系统的主管与给油器及压力操纵阀连接后,应使系统中所有给油器的指示杆及压力操纵阀的触杆在同一润滑周期内同时伸出或缩入。

(3)在额定压力的1.1倍下应连续运转5min,然后分别将压力调至额定压力、中间压力和最低压力,检查供油压力波动值,其允许偏差应为被测压力的±5%。

(4)在额定工作压力下,各元件结合面及管路接口等应无渗漏现象。

19)泵的操作应按设备技术文件的要求进行。附属系统运转应正常,压力、流量、温度和其他要求应符合设备技术文件的规定。试运转结束后,应冲洗泵并放尽积液,防止堵塞、锈蚀和冻裂。

20)火灾自动报警系统的调试应符合下列规定:

(1)应对探测器、区域报警控制器、集中报警控制器、火灾报警装置和消防设备等逐个进行单机通电检查。

(2)系统通电后,对报警控制器应进行下列功能的检查:

①火灾报警自检功能;

②消音和复位功能;

③故障报警功能;

④火灾优先功能;

⑤报警记忆功能;

⑥电源自动转换和备用电源的自动充电功能;

⑦备用电源欠压和过压报警功能。

(3)系统的主电源和备用电源的容量应满足设计要求。在备用电源连续充放电3次后,主电源和备用电源应能自动切换。

(4)应分别用主电源和备用电源供电,检查系统的各项控制功能和联动功能。系统应在连续运行120h无故障后,填写调试报告。

21)消防设备及管路系统调试应在整个系统施工结束,且与系统有关的火灾报警装置及联动控制设备调试合格后进行。消防水泵调试应符合下列规定。

(1)以自动或手动方式启动消防水泵时,消防水泵应在5min内投入正常运行。以备用电源切换时,消防水泵应在1.5min内正常运行。

(2)消防稳压泵调试时,模拟设计启动条件,稳压泵应立即自动启动。当达到系统设计压力时,稳压泵应自动停止运行。

(3)湿式报警阀调试时,在试水装置处放水,报警阀应及时动作,水力警铃应发出报警信号,水流指示器应输出报警电信号,压力开关应接通电路报警,并应启动消防水泵。

(4)干式报警阀调试时,开启系统试验阀,报警阀的启动时间、启动点压力和水流到试验装置出口所需时间应满足设计要求。

(5)干、湿式报警阀调试时,当差动型报警阀上室和管网的空气压力降至供水压力的1/8以下时,试水装置处应能连续出水,水力警铃发出报警信号。

22)采用专用测试仪表或其他方式对火灾自动报警系统的各种探测器输入模拟火灾信

号,火灾自动报警控制器应发出声光报警信号并启动自动喷水灭火系统。

23)启动一只喷头或以 0.94~1.5L/s 的流量从末端试水装置处放水,报警阀、水流指示器、压力开关、水力警铃和消防水泵等应及时动作并发出相应的信号。

24)泡沫灭火系统的调试应符合下列规定:

(1)系统调试前,系统中消防泵、泡沫比例混合器、泡沫发生器和不利点的喷头应以清水或泡沫测试合格,且系统中所有的阀门应处于正常的工作状态。

(2)每个防护区应进行喷水试验。当对储罐进行喷水试验时,喷水口可设在靠近储罐的水平管道上。

(3)手动灭火系统应以手动控制的方式进行一次喷水试验,自动灭火系统应以手动和自动控制的方式各进行一次喷水试验,各项性能指标应满足设计要求。

(4)低、中倍数泡沫灭火系统喷水试验完毕后,应将混合液管段的液体排空,然后选择最不利点的防护区或储罐进行一次喷泡沫试验。自动灭火系统应以自动控制的方式进行。喷射泡沫的时间不宜小于 1min,泡沫混合液的混合比和泡沫混合液的发泡倍数应满足设计要求。

(5)高倍数泡沫灭火系统,尚应对每个防护区分别进行喷泡沫试验。射泡沫的时间不宜小于 30s,泡沫最小供给速率应满足设计要求。

(6)泡沫灭火系统调试合格后,应以清水将输送泡沫混合液的管道冲洗后排空,并应将系统恢复到正常状态。

25)气体灭火系统调试应符合现行《气体灭火系统施工及验收规范》(GB 50263)的有关规定。

五、空载联动试运转

(1)空载联动试运转应在送变电试运行和系统内各单机试运行合格后进行。

(2)空载联动试运转前应确认系统联锁保护装置、消防系统、监控系统、报警系统和广播通信系统工作正常,场地应无妨碍联动试运转的杂物。

(3)空载联动试运前应初步设定各设备顺序启动和顺序停车的时间间隔,并应在调试过程中根据工艺和现场实际情况最后确定。

(4)空载联动试运转应按各系统工艺流程顺序进行,每个流程至少应进行 3 次正常启动和停止操作,系统中主要工艺流程连续运行的时间不应小于 2h。

六、重载试运转

(1)重载试运转应在空载联动试运转合格并办理好交接验收手续后进行。

(2)重载试运转应按批准的重载试运转大纲进行。

(3)重载试运转应由建设单位主持,设计单位、监理单位、设备制造厂商和施工单位参加,并各司其职。

(4)操作人员应经过培训合格,特种作业人员应持证上岗。

(5)液压和气动系统调试要求应符合表 8-2 的规定。

液压和气动系统调试要求 表8-2

序号	项　目	检验要求	检验方法
1	系统运转	在工作压力和正常油温下运转30min无异常振动和声响	观察检查
2	各接头接合面密封性	无渗漏,管路无异常变形	
3	油缸和气缸	动作5~10次后,运行平稳灵活、无爬行现象	
4	油温和油位	无突然升温,油位正常	

(6)气体灭火系统调试应符合现行《气体灭火系统施工及验收规范》(GB 50263)的有关规定,见表8-3。

消防水泵调试要求 表8-3

序号	项　目	检验要求	检验方法
1	消防水泵	以自动或手动方式启动时,在5min内投入正常运行	检查试验记录
2	备用电源	切换至备用电源时,消防水泵在1.5min内正常运行	
3	消防稳压泵	模拟启动时,稳压泵立即自动启动,当达到系统设计压力时,稳压泵自动停止运行	

第七节　变压器安装

1)运输和安装前的检查应符合下列规定:

(1)变压器在装卸和运输过程中,不应有严重冲击和振动,倾斜角不得大于15°,干式变压器应有防雨和防潮措施。

(2)变压器的突缘连接处应无渗油现象。变压器油位应正常。

(3)绝缘油应储藏在密封清洁的专用容器内,到达现场的绝缘油应有试验记录,不同牌号的绝缘油应分别储存,并具有明显标识。

2)器身检查时,环境空气温度不宜低于0℃。当空气相对湿度小于75%时,器身暴露在空气中的时间不得超过16h;相对湿度和露空时间超过规定时,应采取相应可靠的防止变压器受潮措施。

3)接地装置引出的接地干线与变压器的低压侧中性点应直接连接;接地干线与变压器的N母线和PE母线应直接连接;油浸变压器箱体、干式变压器的支架或外壳应接地(PE),所有连接应可靠,紧固件及防松零件齐全。

4)本体和附件安装应符合下列规定:

(1)保护栏杆和网门等安全设施应齐全。

(2)装有气体继电器的变压器,除制造厂规定不需升高坡度外,其顶盖气体继电器气流方向应有1%~1.5%的升高坡度。

(3)突缘连接处应用耐油密封垫圈密封;突缘连接面应平整、清洁;密封垫圈安装位置应正确,橡胶密封垫的压缩量不宜超过其厚度的1/3;突缘螺栓应按对角线位置依次均匀紧固,紧固后的突缘间隙应均匀,紧固力矩值应符合产品技术文件要求。

(4)变压器高低压进线套管固定螺母不应同时用于引入和引出导线的紧固。

（5）母排节点处宜贴温敏黏膜。

（6）附件安装应符合设备技术文件的规定。

5）注油应符合下列规定：

（1）绝缘油应符合有关规定。试验合格后方可注入变压器。

（2）变压器真空注油工作不宜在雨天或雾天进行。注油时应排尽本体及附件内的空气。注油和真空处理应符合产品技术文件要求。

（3）变压器注油时，宜从下部油阀进油。

（4）加油完毕后应静置24h。

6）变压器基础的轨道应水平，轨距与轮距应相符；装有滚轮的变压器就位后，应将滚轮用可拆卸的制动部件固定。

7）电力变压器及附件的型号和规格应满足设计要求。高、低压瓷件表面严禁有裂纹、缺损和瓷釉损坏等缺陷。

检验数量：施工单位、监理单位全数检查。

检验方法：检查出厂质量证明文件和开箱检验记录并观察检查。

8）变压器的低压侧中心点应与接地装置引出的接地干线直接连接，接地干线应与箱式变电所的N线和接地线直接连接；变压器箱体和干式变压器的支架或外壳应可靠接地，且标识清晰。

检验数量：施工单位、监理单位全部检查。

检验方法：检查施工记录并观察检查。

第八节　电气设备的交接试验

（1）电压在1000V以下的交流电动机的交接试验应符合表8-4的规定。

1000V以下交流电动机的交接试验　　表8-4

序号	检验项目	检验要求	检验方法
1	绕组的绝缘电阻值	常温下不小于0.5MΩ	用兆欧表测量
2	各相绕组的直流电阻值	100kW以上电动机各相绕组的直流电阻值，各相的相互差不大于最小值的2%；中性点未引出的电动机线间直流电阻，相互差不大于最小值的1%	用仪表测量
3	空载电流	空载运转2h，转动正常，空载电流符合产品技术要求	

注：当电动机与其他机械部分的连接不易拆开时可连在一起进行空载运转检查试验。

（2）电压在1000V以上的交流电动机的交接试验应符合表8-5的规定。

1000V以上交流电动机的交接试验　　表8-5

序号	检验项目	检验要求	检验方法
1	绕组的绝缘电阻值和吸收比	在运行时温度下，绝缘电阻值不小于1MΩ/kV；吸收比不小于1.2，中性点可拆开的分相测量	用兆欧表测量

续上表

序号	检验项目	检验要求				检验方法
2	各相绕组的直流电阻值	各相相互差不大于最小值的2%;中性点未引出的电动机线间直流电阻值,相互差不大于最小值的1%				用仪表测量
3	定子绕组直流耐压试验和泄漏电流	试验电压为定子绕组电压的3倍时,各相泄漏电流值不超过最小值的1倍,且泄漏电流不随时间延长而增大;当最大泄漏电流在20μA以下时,各相间无明显差别;中性点连线未引出的不进行此项试验				
4	定子绕组交流耐压试验	额定电压(kV)	3	6	10	
		耐受电压(kV)	5	10	16	
5	空载电流	空载运转2h,转动正常;空载电流符合产品技术要求				

注:1. 当电动机与其他机械部分的连接不易拆开时可连在一起进行空载运转检查试验。

2. 表中序号为2、3、4的试验项目可根据现场情况选做。

(3)电力变压器的交接试验应符合表8-6的规定。

电力变压器的交接试验　　　　　　　　　　　　表8-6

序号	检验项目	检验要求						检验方法
1	在各分接头位置测量绕组连同套管的直流电阻值	1600kV·A及以下	各相的相互差值小于平均值的4%,线间的相互差值小于平均值的2%					用仪表测量
		1600kV·A以上	各相的相互差值小于平均值的2%,线间的相互差值小于平均值的1%					
		同温下与出厂数据比较,相互差值不大于2%						
2	分接头的变压比	与制造厂铭牌数据相比无明显差别,且符合变压比的规律						
3	三相接线的组别	与设计要求、铭牌上的标识和外壳上的符号相符						
4	绕组连同套管的绝缘电阻值	不小于产品出厂试验值的70%						用兆欧表测量
5	绕组连同套管的吸收比	35kV变压器且容量不小于4000kV·A时测量。吸收比与出厂值相比无明显差别,常温下不小于1.3						
6	绕组连同套管的交流耐压试验	额定电压(kV)		1	3	6	10	35	用仪表测量
		耐受电压	油浸变压器	—	14	21	28	68	
			干式变压器	2.5	8.5	17	24	60	
7	绕组连同套管的介质损耗角δ	35kV变压器且容量不小于8000kV·A时测量。tanδ值不大于产品出厂试验值的130%						

续上表

序号	检验项目	检验要求		检验方法
8	绕组连同套管的直流泄漏电流值	35kV 变压器且容量不小于 8000kV·A 时测量		用仪表测量
		直流试验电压(kV)	20	
		20℃时直流泄漏电流(μA)	不大于 50	
9	绝缘油试验	符合绝缘油交接试验的有关规定		
10	额定电压下的冲击合闸试验	进行 5 次,每次间隔时间为 5min,无异常现象		
11	相位检查	与电网相位一致		

注:1.冲击合闸宜在高压侧进行;中性点接地的电力系统试验时变压器中性点必须接地;无电流差动保护的干式变压器可冲击 3 次;发电机变压器组中间连接无操作断开点的变压器,可不进行冲击合闸试验。

2.当试验时温度与产品出厂试验温度不符时,应按现行《电气装置安装工程 电气设备交接试验标准》(GB 50150)的有关规定,将测量值换算到同一温度的数值,再进行比较。

3.表序号 9 中的变压器绝缘油的试验可根据厂家说明书去做。

(4)电力电缆的交接试验应符合表 8-7 的规定。

电力电缆的交接试验 表 8-7

序号	检验项目	检验要求			检验方法
1	电缆导体对地或对金属屏蔽层间和各导体间的绝缘电阻	耐压试验前后,绝缘电阻测量无明显变化;橡塑电缆外护套、内衬层的绝缘电阻不低于 0.5MΩ/km			0.6/1kV 电缆用 1000V 兆欧表、0.6/1kV 以上电缆用 2500V 兆欧表、6/6kV 及以上电缆用 5000V 兆欧表测量;橡塑电缆外护套、内衬层的测量用 500V 兆欧表
2	18/30kV 及以下电压等级的橡塑绝缘电缆直流耐压试验	试验电压 $U_t = 4U_0$,分 4~6 个阶段均匀升压,每阶段停留 1min,并读取泄漏电流值;试验电压升至规定值后维持 15min,其间读取 1min 和 15min 时泄漏电流,测量时消除杂散电流的影响			用仪表测量
3	橡塑绝缘电缆交流耐压试验	额定电压 U_0/U(kV)	试验电压	时间(min)	
		18/30 及以下	$2.5U_0(2U_0)$	5(或 60)	
		35~64/110	$2U_0$	60	
4	两端相位	与电网相位相符			

第九节 设 备 运 输

1)设备的运输形态应满足码头条件、安装工艺、运输能力和作业安全的要求。

2)设备的包装应符合现行《机电产品包装通用技术条件》(GB/T 13384)的有关规定。

3)部件发运时应符合下列规定:

(1)液压件管口应密封。

(2)裸露在外的螺纹应采取保护措施。

(3)外露加工面应涂防锈剂。

(4)裸装的电器应采取防雨、水措施。

4)运输部件的标识应清晰、齐全,易于观察。

5)大件运输时应符合下列规定:

(1)大件分段应结合装运设备能力、运输路线限制、吊卸安装设备等情况综合考虑。

(2)大件的重量、重心及外形尺寸等分段信息应有明确标牌显示。

(3)分段吊装时吊耳应预先设置,运输支撑位置应布置在强肋处。

(4)节点板、高强度螺栓连接突缘面等重要接口部位应做必要保护,便于现场连接。

(5)构件在装运设备上的支撑点、系固点应牢靠有效,避免物件永久变形、窜动及倾翻。

(6)大件装卸、运输、堆积时应注意油漆涂层保护。

(7)规格类似散件的应成组成束打包或装箱运输。

(8)电气元件应做好包扎,防止磕碰破损。

第十节　水运机电项目分部工程的划分

轨道式起重装卸设备、旋转式翻车机、输送设备分部工程可分为钢结构、机械设备、电气设备、辅助设备。

电气系统分部工程可分为变电所、电气设备、供电和照明。

控制系统分部工程可分为控制设备、工业电视系统、通信和广播系统。

管道及附属设备分部工程可分为给水管道、排水管道、工艺管道、附属设备。

第九章　进度控制

第一节　施工组织设计

一、施工组织设计的内容

(1)编制说明;

(2)编制依据;

(3)工程概况;

(4)施工总体部署;

(5)主要分部分项工程的施工方案;

(6)施工进度计划;

(7)资源供需计划;

(8)施工平面布置;

(9)季节性施工保证措施;

(10)质量、安全、职业健康、环境保护、文明施工等方面的保证措施。

二、施工组织设计编制原则

(1)严格执行基本建设程序和施工程序。

(2)科学安排施工顺序。

(3)采用先进的施工技术和设备。

(4)应用科学的计划方法制定合理的施工组织方案。

(5)落实季节性施工的措施,确保全年连续施工。

(6)确保工程质量和施工安全。

(7)节约基建费用,降低工程成本。

三、施工组织设计编制依据

(1)与工程建设有关的法律、法规和文件;

(2)国家现行有关标准和技术经济指标;

(3)工程所在地区行政主管部门的批准文件,建设单位对施工的要求;

(4)工程合同、设计文件、招标投标文件;

(5)工程施工范围内的现场条件,工程地质及水文地质、气象等自然条件;

(6)与工程有关的资源供应情况。

四、施工组织设计编制程序

(1)分析设计资料,进行必要的调查研究。

(2)项目划分,复核工程数量。

(3)选择施工方法,确定施工方案。

(4)编制工程进度计划。

(5)计算人工、材料、机械设备需要量,制订供需计划。

(6)确定生产、生活用临时设施和临时工程。

(7)布置施工平面图。

(8)确定季节性施工保证措施。

(9)确定施工组织管理机构,制定管理制度。

(10)确定质量、安全、职业健康、环境保护、文明施工等方面的保证措施。

(11)编写说明书。

施工组织设计在施工项目部编制完成后,应由承包人技术部门审查盖章后提交给监理机构进行审核。

五、监理机构对施工组织设计的审核

监理审核施工组织设计中的下列主要内容:

(1)施工组织设计编制和审查程序;

(2)施工方案及技术措施;

(3)质量、安全生产与施工环境保护管理体系;

(4)保证施工质量、安全生产的措施及施工环境保护措施;

(5)施工进度计划及劳动力、设备、材料等资源配备计划;

(6)施工总平面布置;

(7)临时工程的施工方案。

施工组织设计审核意见应经总监理工程师签认后报送建设单位审批。

第二节　施工进度计划管理

施工进度计划通常是以图表形式表示的,主要形式有:横道图、工程进度曲线和网络图等。

一、横道图

横道图常用的格式如图 9-1 所示。它由两大部分组成,左面部分是以分部分项工程为主要内容的表格,包括了相应的工程量、定额和劳动量等计算依据;右面部分是指示图表,它是由左面表格中的有关数据经计算得到的。指示图表用横向线条形象地表示出分部分项工程的施工进度,线的长短表示某工作施工持续时间,线的位置表示施工过程,线上的数字表示劳动力数量,线的不同符号表示作业队或施工段,图中线段表示出各施工阶段的工期和总工期,并综合反映了各分部分项工程相互间的关系。

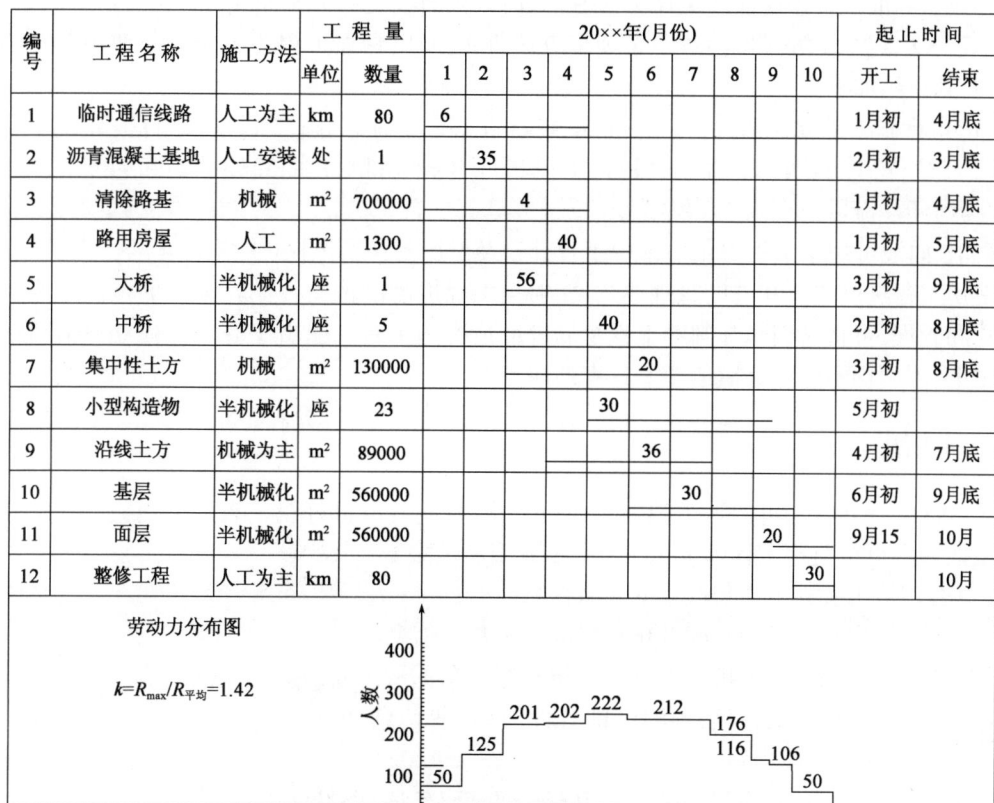

编号	工程名称	施工方法	工程量		20××年(月份)										起止时间	
			单位	数量	1	2	3	4	5	6	7	8	9	10	开工	结束
1	临时通信线路	人工为主	km	80	6										1月初	4月底
2	沥青混凝土基地	人工安装	处	1		35									2月初	3月底
3	清除路基	机械	m²	700000			4								1月初	4月底
4	路用房屋	人工	m²	1300				40							1月初	5月底
5	大桥	半机械化	座	1			56								3月初	9月底
6	中桥	半机械化	座	5					40						2月初	8月底
7	集中性土方	机械	m²	130000						20					3月初	8月底
8	小型构造物	半机械化	座	23					30						5月初	
9	沿线土方	机械为主	m²	89000						36					4月初	7月底
10	基层	半机械化	m²	560000							30				6月初	9月底
11	面层	半机械化	m²	560000									20		9月15	10月底
12	整修工程	人工为主	km	80										30	10月	

劳动力分布图

$k=R_{max}/R_{平均}=1.42$

人数

400
300   201 202 222 212
200   125   176
100 50   116 106
                           50

图 9-1 施工进度横道图

这种表示方法比较简单、直观、易懂,容易编制,但有以下缺点:

(1)分项工程(或工序)的相互关系不明确。

(2)施工地点无法表示,只能用文字说明。

(3)工程数量实际分布情况不具体。

(4)仅反映出平均施工强度。

它适用于绘制集中性工程进度图,材料供应计划图或作为辅助性的图示附在说明书内用来向施工单位下达任务。

二、工程进度曲线

工程进度曲线是建立在横道图的基础上的。进度曲线是以工期为横轴,以完成的累计工程量或工程费用的百分比为纵轴的图表化曲线,如图9-2所示。通过工程进度曲线,能够进行工程计划进度和实际进度的对

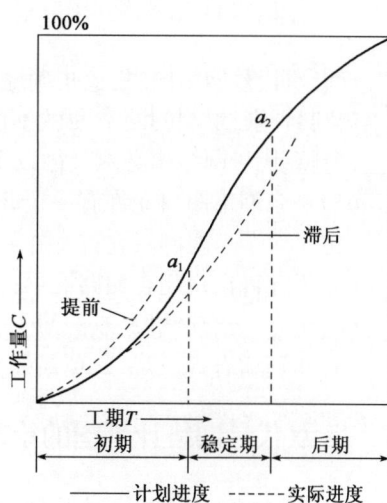

图 9-2 工程进度曲线形状

91

比,有效地实行工程项目全局性的进度管理。当实际进度曲线与计划进度曲线出现偏离时,就说明工程的进度有了延误或者进度有所超前,这样就可通过调整施工进度,使工程能够按照计划来完成。一般工程进度曲线大体上呈S形,所以该曲线又称为S曲线。

由于S曲线是工程进度曲线也是现金流动曲线,所以它在工程施工进度及费用监理中均可应用,其作用如下:

(1)审批施工进度计划时,可用S曲线判断施工单位编制的施工进度计划是否合理。

(2)监控施工进度计划实施阶段,进度控制可方便地利用S曲线评价实际进度情况属于正常、提前还是滞后。

(3)S曲线可用于工程费用监理中工程计量及费用支付的依据。

使用工程进度曲线和进度管理曲线,能够把工程进度的偏差控制在适当的范围之内来进行计划和管理,可将它们作为判断工程全局进度情况的工具。但由于它们是建立在横道图的基础之上,因而仍不能弥补横道图所具有的缺点。

三、网络图

采用网络计划方法可加强工程项目的施工管理,使其取得好、快、省的全面效果。它在工程进度监理中可给监理工程师提供下列可靠信息:

(1)合理赶工及其工期与成本的关系信息;

(2)各项工作有无机动时间及机动时间极限数据信息;

(3)劳动力、材料、施工机具设备等资源利用信息;

(4)哪些工作提前或拖延,预测对总工期的影响等信息。

第三节　双代号网络图的绘制

一、绘制双代号网络图的基本规则

绘制双代号网络图时,应正确地表达工作间的逻辑关系和引用虚工作,并遵循有关绘图的基本规则,否则,绘制的网络图就不能正确地反映工程项目的施工流程和进行时间参数的计算。绘制双代号网络图必须遵循以下基本规则:

(1)一张网络图只允许有一个开始节点和一个终点节点。

(2)一对节点之间只允许存在一条箭线。

(3)不允许出现闭合回路。

(4)不允许出现线段、双向箭头,并应避免使用反向箭线。

(5)布局应合理,尽量避免箭线交叉。

二、双代号网络计划图的绘制

1.绘制双代号网络计划图的步骤

(1)工程任务分解。

（2）确定各单项工作的相互逻辑关系。

（3）确定各单项工作的持续时间。

（4）填写工作关系表，通常的工作关系表的基本内容包括：工作代号、工作名称、紧后工作（或紧前工作）、持续时间等。

（5）绘制双代号网络计划草图。

（6）整理成图。

（7）进行节点编号。

2. 双代号网络图工作逻辑关系的表示方法

工作逻辑关系是工作进展中客观存在的一种先后顺序关系。在表示工程进度计划的网络图中，工作之间的逻辑关系是由施工组织、施工技术、工艺流程、资源供应、施工场地等决定的。各项工作之间逻辑关系表达正确与否，是网络计划图能否反映工程项目实际情况的关键。如果工作逻辑关系表示错了，则网络计划图的时间参数计算就会发生错误，关键线路和工程计划总工期也跟着发生错误。

在工程实际的网络计划图中，各项工作之间的逻辑关系是复杂多变的，表 9-1 所列的是网络计划图中常见的一些工作关系的表示方法，供绘制双代号网络计划图时参考。各工作名称以字母表示。

常见工作逻辑关系的表示方法　　　　　　　　表 9-1

序号	工作之间的逻辑关系	网络图中的表示方法
1	A 完成后同时进行 B 和 C	
2	A 和 B 同时完成后进行 C	
3	A 和 B 同时完成后，同时进行 C、D	
4	A 完成后进行 C，A 和 B 同时完成后，同时进行 D	

序号	工作之间的逻辑关系	网络图中的表示方法
5	A 和 B 同时完成后进行 D； A 和 B、C 同时完成后进行 E； D 和 E 同时完成后进行 F	
6	A 和 B 同时完成后进行 C； B、D 同时完成后进行 E	
7	A 和 B、C 同时完成后进行 D； B 和 C 同时完成后进行 E	
8	A 完成后进行 C； A 和 B 同时完成后进行 D； B 完成后进行 E	
9	A 和 B 流水施工：A_1 完成后进行 A_2 和 B_1； A_2 完成后进行 A_3；A_2 和 B_1 同时完成后进行 B_2；A_3 和 B_2 同时完成后进行 B_3	

3. 工程应用实例

1）某段城市道路更新工程应用实例。

某一段城市道路扩建工程,工作项目划分与工作相互关系及工作持续时间见表9-2,试绘制其施工进度双代号网络计划图。

根据表9-2 所列工作关系,如果采用前进法绘网络图,关键是确定 A 为开始工作,然后从

表9-2中找出本工作的紧后工作,逐节生长绘图直至网络图的终点;若采用后退法绘制网络图,关键是确定 H 为结束工作,再从表9-2中寻找本工作的紧前工作,逐节后退绘图直到网络图的起点。绘制的双代号网络计划图如图9-3所示。

工作项目划分明细表　　　　　　　　　　　　　　　　　　　　表9-2

工作代号	A	B	C	D	E	F	G	H
工作名称	测量	土方工程	路基工程	安装排水设施	清理杂物	路面工程	路肩施工	清理现场
紧前工作	—	A	B	B	B	C、D	C、E	F、G
持续时间(d)	1	10	2	5	1	3	2	1

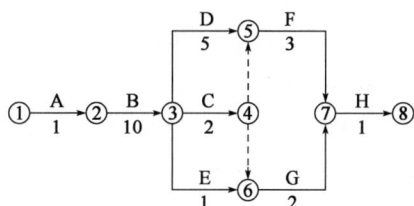

图9-3　道路更新工程施工进度双代号网络计划图

2)某立交桥工程应用实例。

某合同段立交桥工程施工工期直接影响主线路基和四条匝道路基填筑,该工程项目的工作组成和工作间的逻辑关系及工作持续时间如表9-3所示。

工 作 关 系 表　　　　　　　　　　　　　　　　　　　　表9-3

工作代号	工作内容	紧前工作	持续时间(周)	工作代号	工作内容	紧前工作	持续时间(周)
A	临建工程	—	5	I	修筑预制场	E	1
B	施工组织设计	A	3	J	主梁预制	I	6
C	平整场地	A	1	K	盖梁施工	H	4
D	材料进场	B	3	L	预制场吊装设备安装	F	1
E	主桥施工放样	B	1	M	吊装准备工作	L	1
F	材质及配合比试验	C	1	N	主梁安装	J、K、M	3
G	基础工程施工	D	4	P	桥面系统施工	N	2
H	桥墩施工	G	3				

根据表9-3工作逻辑关系,绘制某立交桥施工进度的双代号网络图,见图9-4。

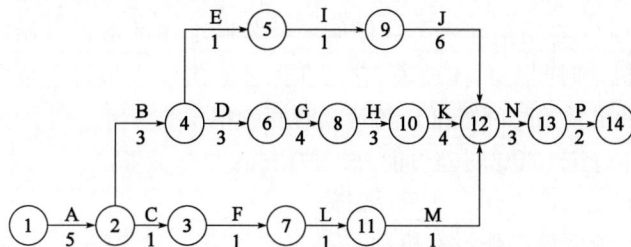

图9-4　某立交桥施工进度双代号网络图

第四节　时间参数的计算

一、工作时间参数计算

1. 工作的最早可能开始时间(ES)

工作的最早可能开始时间是指一项工作在其紧前工作都结束后,可以开始工作的最早时间。很显然工作(i,j)的最早可能开始时间就等于该工作箭尾节点(i)的最早可能实现时间,即:

$$ES_{(i,j)} = ET_{(i)} \tag{9-1}$$

2. 工作的最早可能结束时间(EF)

正常情况下,工作(i,j)若能在最早可能开始时间开始,对应就有一个最早可能结束时间,它就等于箭尾节点的最早可能实现时间或者工作的最早可能开始时间加上工作(i,j)的持续时间$t(i,j)$,即:

$$EF_{(i,j)} = ES_{(i,j)} + t_{(i,j)} \tag{9-2}$$

3. 工作的最迟必须结束时间(LF)

是指一项工作在不影响工程按总工期结束的条件下,最迟必须结束的时间,它必须在紧后工作开始之前完成。从工作终点节点逆箭线计算,工作(i,j)最迟必须结束时间应等于节点j的最迟必须实现时间,即:

$$LF_{(i,j)} = LT_{(j)} \tag{9-3}$$

4. 工作的最迟必须开始时间(LS)

在正常情况下,与工作的最迟必须结束时间相对应,有工作的最迟必须开始时间。它即为工作最迟结束时间减去该工作的持续时间。

$$LS_{(i,j)} = LF_{(i,j)} - t_{(i,j)} \tag{9-4}$$

二、工作的时差计算

时差反映工作在一定条件下的机动时间范围,通常分为总时差、局部时差等。

1. 总时差(TF)

工作的总时差$TF(i,j)$是指在不影响任何一个紧后工作的最迟开始时间的条件下,工作(i,j)所拥有的最大机动时间。具体地说,它是在保证本工作以最迟完成时间完工的前提下,允许该工作推迟其最早开始时间或延长其持续时间的幅度。

对任何一项工作(i,j),其总时差可能有三种情况:

(1)$TF(i,j)>0$,说明该工作存在机动时间。

(2)$TF(i,j)=0$,说明该工作没有机动时间。

(3)$TF(i,j)<0$,说明该工作存在负时差,计划工期长于规定工期,应采取技术或组织措

施予以缩短,确保计划总工期。

2.局部时差(FF)

工作的局部时差 $FF(i,j)$ 也称自由时差,是指在不影响其紧后工作的最早可能开始时间的条件下,工作(i,j)所具有的机动时间。具体地说,它是在不影响紧后工作按最早开始时间开工的前提下,允许该工作推迟最早开始时间或延长其持续时间的幅度。

(1)总时差对其紧前工作和紧后工作均有影响。

(2)一项工作的局部时差只限于本工作利用,不能转移给紧后工作利用,对紧后工作的时差无影响,但对其紧前工作有影响,如运用,将使紧前工作时差减少。

三、关键线路

1.关键线路

网络图的各条线路中,持续时间之和最长的线路即为关键线路。关键线路上的工作称为关键工作。

2.关键线路的确定

确定关键线路的方法有很多,下面介绍两种简单易行的方法:

(1)关键线路上所有工作的总时差均为零,反过来,如果工作的总时差为零,则它必是关键工作。由此,只要连接网络计划中总时差为零的工作,就可以确定出关键线路。

(2)关键线路上所有节点的两个时间参数均相等,反过来,如果节点的两个时间参数相等,该节点一定是关键线路上的节点,即成为关键线路上的关键节点。但是由任意两个关键节点组成的工作,并非一定是关键工作。如果由此判别还需加上条件:箭尾节点时间 + 工作持续时间 = 箭头节点时间。同时满足上述两个条件的工作,即为关键工作。

3.关键线路的特性

(1)关键线路上各工作的总时差均为零。

(2)关键线路在网络计划中不一定只有一条,有时存在多条,但关键工作所占比重并不大。据统计资料,对于一个具有 100 项工作的网络计划,它的关键工作数目约有 12 ~ 15 项;一个具有 1000 项工作的网络计划,关键工作的数目约是 70 ~ 80 项;而一个具有 5000 项工作的网络计划,关键工作数目仅约有 150 ~ 160 项。这样就有可能使工程项目的管理者集中精力抓住主要矛盾,搞好计划管理工作。

(3)非关键工作如果将总时差全部用完,就会转化为关键工作。

(4)当非关键线路延长的时间超过它的总时差,关键线路就转变为非关键线路。

四、时间参数的计算方法

1.节点时间参数的计算

1)计算节点最早时间(ET)。

节点最早时间即为节点的最早可能实现时间(ET),是节点后各工作的统一最早可能开始时间。网络图起始节点①的最早可能实现时间为零,$ET(1) = 0$,沿箭线方向逐个节点地计算到网络图的终点⑪,某节点的紧前工作全部完成,本工作才能最早开始。所以节点最早时间不一定等于该节点前各工作的最早可能完成时间,进入这个节点的紧前工作不全部完成,本项工作就无法开始。因此,节点⑰的最早可能实现时间应等于该节点紧前工作(i,j)的最早可能完成时间的最大值。

现以图9-5所示的双代号网络图为例,计算各节点的最早可能实现时间如下,并按节点时间参数计算图例规定标注在图9-5上。

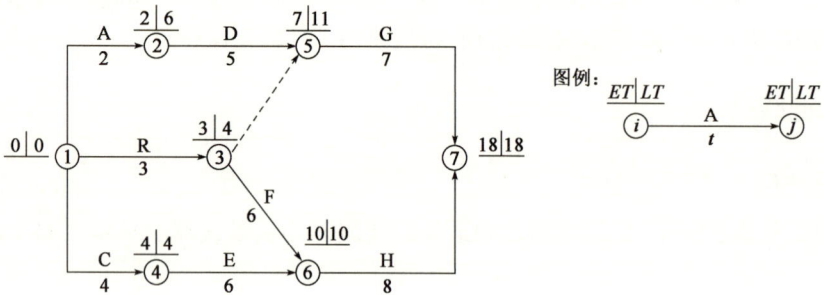

图9-5 节点时间参数计算

$ET_{(1)} = 0$,其他节点计算得:

$ET_{(2)} = ET_{(1)} + t_{(1,2)} = 0 + 2 = 2$

$ET_{(3)} = ET_{(1)} + t_{(1,3)} = 0 + 3 = 3$

$ET_{(4)} = ET_{(1)} + t_{(1,4)} = 0 + 4 = 4$

$ET_{(5)} = \max \left\{ \begin{array}{l} ET_{(2)} + t_{(2,5)} = 2 + 5 = 7 \\ ET_{(3)} + t_{(3,5)} = 3 + 0 = 3 \end{array} \right\} = 7$

$ET_{(6)} = \max \left\{ \begin{array}{l} ET_{(3)} + t_{(3,6)} = 3 + 6 = 9 \\ ET_{(4)} + t_{(4,6)} = 4 + 6 = 10 \end{array} \right\} = 10$

$ET_{(7)} = \max \left\{ \begin{array}{l} ET_{(5)} + t_{(5,7)} = 7 + 7 = 14 \\ ET_{(6)} + t_{(6,7)} = 10 + 8 = 18 \end{array} \right\} = 18$

网络图终点⑪的最早可能实现时间就是计划的总工期T,即$T = ET(n)$,因此,图9-5双代号网络计划图的总工期$T = 18$。

2)计算节点最迟时间(LT)。

节点最迟时间即为节点的最迟必须实现时间(LT),是节点之前的各工作统一最迟必须完成时间。而节点的最迟必须实现时间,就是计划工期确定的条件下,从网络图的终点⑪开始,逆着箭线方向逐个节点地算到网络图的起点。终点⑪节点的最迟必须实现时间也等于计划工期,即:$LT_{(n)} = T$。

需要注意的是,节点最迟时间不一定等于该节点后各工作的最迟必须开始时间。箭尾节点的最迟必须实现时间等于箭头节点的最迟必须实现时间与其工作持续时间之差;当节点⑰有多条箭线同时发出时,应对每条箭线都进行计算,然后取其最小值作为该节点的最迟必须实现时间。

以图9-5双代号网络图为例,计算各节点的最迟必须实现时间,并将计算结果标注在图例规定的位置。

$LT_{(7)} = ET_{(7)} = 18$，其他节点计算如下：

$LT_{(6)} = LT_{(7)} - t_{(6,7)} = 18 - 8 = 10$

$LT_{(5)} = LT_{(7)} - t_{(5,7)} = 18 - 7 = 11$

$LT_{(4)} = LT_{(6)} - t_{(4,6)} = 10 - 6 = 4$

$LT_{(3)} = \begin{Bmatrix} LT_{(5)} - t_{(3,5)} = 11 - 0 = 11 \\ LT_{(6)} - t_{(3,6)} = 10 - 6 = 4 \end{Bmatrix} = 4$

$LT_{(2)} = LT_{(5)} - t_{(5,2)} = 11 - 5 = 6$

$LT_{(1)} = \min \begin{Bmatrix} LT_{(2)} - t_{(1,2)} = 6 - 2 = 4 \\ LT_{(3)} - t_{(1,3)} = 4 - 3 = 1 \\ LT_{(4)} - t_{(1,4)} = 4 - 4 = 0 \end{Bmatrix} = 0$

2. 工作时间参数计算

1）工作最早可能开始时间（ES）。

工作的最早可能开始时间，是指一项工作在具有了一定工作条件和资源条件后可以开始工作的最早时间。在工作流程上，各项工作要等到其紧前工作都结束以后方能开始。很明显，工作(i,j)的最早可能开始时间就等于箭尾节点(j)的最早可能实现时间，计算如下，并标注在图9-6上。

$ES_{(1,2)} = ET_{(1)} = 0$ 　　　　$ES_{(4,6)} = ET_{(4)} = 4$

$ES_{(1,3)} = ET_{(1)} = 0$ 　　　　$ES_{(3,6)} = ET_{(3)} = 3$

$ES_{(1,4)} = ET_{(1)} = 0$ 　　　　$ES_{(5,7)} = ET_{(5)} = 7$

$ES_{(2,5)} = ET_{(2)} = 2$ 　　　　$ES_{(6,7)} = ET_{(6)} = 10$

2）工作最早可能结束时间（EF）。

正常情况下，工作(i,j)若能在最早可能开始时间开始，对应就有一个最早可能结束时间，它就等于箭尾节点的最早可能实现时间或者工作的最早可能开始时间加上工作(i,j)的持续时间 $t_{(i,j)}$，计算如下，并标注在图9-6上。

$EF_{(1,2)} = ES_{(1,2)} + t_{(1,2)} = 0 + 2 = 2$ 　　$EF_{(1,3)} = ES_{(1,3)} + t_{(1,3)} = 0 + 3 = 3$

$EF_{(1,4)} = ES_{(1,4)} + t_{(1,4)} = 0 + 4 = 4$ 　　$EF_{(2,5)} = ES_{(2,5)} + t_{(2,5)} = 2 + 5 = 7$

$EF_{(3,6)} = ES_{(3,6)} + t_{(3,6)} = 3 + 6 = 9$ 　　$EF_{(4,6)} = ES_{(4,6)} + t_{(4,6)} = 4 + 6 = 10$

$EF_{(5,7)} = ES_{(5,7)} + t_{(5,7)} = 7 + 7 = 14$ 　$EF_{(6,7)} = ES_{(6,7)} + t_{(6,7)} = 10 + 8 = 18$

3）工作最迟必须结束时间（LF）。

工作最迟必须结束时间（LF）是指一项工作在不影响工程按总工期结束的条件下最迟必须结束的时间，它必须在紧后工作开始之前完成。计算工作的最迟必须结束时间应从箭头方向向箭尾逐项进行计算。工作(i,j)就等于箭头节点(j)的最迟必须实现时间 $LT_{(j)}$，计算如下，并标注在图9-6上。

$LF_{(1,2)} = LT_{(2)} = 6$ 　　　　$LF_{(4,6)} = LT_{(6)} = 10$

$LF_{(1,3)} = LT_{(3)} = 4$ 　　　　$LF_{(3,6)} = LT_{(6)} = 10$

$LF_{(1,4)} = LT_{(4)} = 4$ 　　　　$LF_{(5,7)} = LT_{(7)} = 18$

$$LF_{(2,5)} = LT_{(5)} = 11 \qquad\qquad LF_{(6,7)} = LT_{(7)} = 18$$

4) 工作最迟必须开始时间(LS)。

在正常情况下,工作(i,j)结束得迟是因为开始得迟,所以工作(i,j)如果能在最迟必须结束时间结束,对应的就有一个最迟必须开始时间,它等于工作(i,j)的箭头节点(j)的最迟必须实现时间$LT_{(j)}$或其最迟必须结束时间$LF_{(i,j)}$减去工作(i,j)的持续时间$t_{(i,j)}$,计算如下,并标注在图9-6上。

$$LS_{(1,2)} = LF_{(1,2)} - t_{(1,2)} = 6 - 2 = 4 \qquad LS_{(1,3)} = LF_{(1,3)} - t_{(1,3)} = 4 - 3 = 1$$
$$LS_{(1,4)} = LF_{(1,4)} - t_{(1,4)} = 4 - 4 = 0 \qquad LS_{(2,5)} = LF_{(2,5)} - t_{(2,5)} = 11 - 5 = 6$$
$$LS_{(3,6)} = LF_{(3,6)} - t_{(3,6)} = 10 - 6 = 4 \qquad LS_{(4,6)} = LF_{(4,6)} - t_{(4,6)} = 10 - 6 = 4$$
$$LS_{(5,7)} = LF_{(5,7)} - t_{(5,7)} = 18 - 7 = 11 \qquad LS_{(6,7)} = LF_{(6,7)} - t_{(6,7)} = 18 - 8 = 10$$

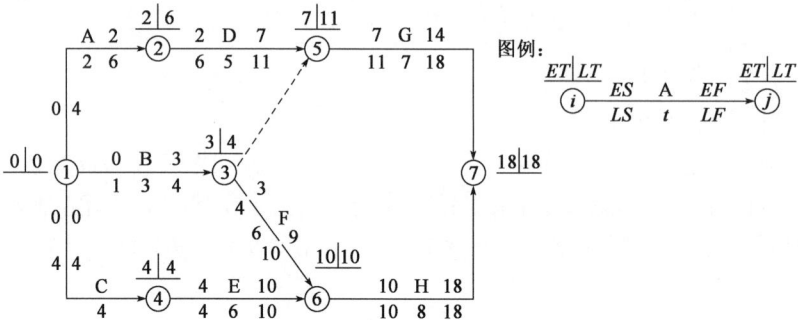

图9-6 工作时间参数计算

5) 网络图工作时间参数的计算步骤总结。

工作参数的计算以控制性参数——节点参数为依据,在节点参数的图例中,起点到终点的节点参数符合从小到大排列的规律,因此最左边的为$ET_{(i)}$,最右边的为$LT_{(j)}$,称$[ET_{(i)}, LT_{(j)}]$为工作(i,j)的时间边界。

工作的最早可能时间就是在图例中向左看齐,让开始时间对准起点的$ET_{(i)}$(左边界),则最早完成时间为在左边界上加一个持续时间$t_{(i,j)}$。

工作的最迟时间就是在图例中向右看齐,让结束时间对准起点的$LT_{(i)}$(右边界),则最迟开始时间为在右边界上减去一个持续时间$t_{(i,j)}$。

3. 时差参数计算

1) 工作的总时差(TF)。

工作(i,j)的总时差$TF_{(i,j)}$是在不影响任何一项紧后工作(i,j)的最迟必须开始时间条件下,本工作(i,j)所拥有的极限机动时间。计算如下,并标注在网络图9-7上。

$$TF_{(1,2)} = LS_{(1,2)} - ES_{(1,2)} = 4 - 0 = 4 = LT_{(2)} - ET_{(1)} - t_{(1,2)} = 6 - 0 - 2 = 4$$
$$TF_{(1,3)} = LS_{(1,3)} - ES_{(1,3)} = 1 - 0 = 1 = LT_{(3)} - ET_{(1)} - t_{(1,3)} = 4 - 0 - 3 = 1$$
$$TF_{(1,4)} = LS_{(1,4)} - ES_{(1,4)} = 0 - 0 = 0 = LT_{(4)} - ET_{(1)} - t_{(1,4)} = 4 - 0 - 4 = 0$$
$$TF_{(2,5)} = LS_{(2,5)} - ES_{(2,5)} = 6 - 2 = 4 = LT_{(5)} - ET_{(2)} - t_{(2,5)} = 11 - 2 - 5 = 4$$
$$TF_{(3,6)} = LS_{(3,6)} - ES_{(3,6)} = 4 - 0 = 4 = LT_{(6)} - ET_{(3)} - t_{(3,6)} = 6 - 0 - 2 = 4$$
$$TF_{(4,6)} = LS_{(4,6)} - ES_{(4,6)} = 4 - 4 = 0 = LT_{(6)} - ET_{(4)} - t_{(4,6)} = 10 - 4 - 6 = 0$$

$$TF_{(5,7)} = LS_{(5,7)} - ES_{(5,7)} = 4 - 0 = 4 = LT_{(7)} - ET_{(5)} - t_{(5,7)} = 18 - 7 - 7 = 4$$
$$TF_{(6,7)} = LS_{(6,7)} - ES_{(6,7)} = 10 - 10 = 0 = LT_{(7)} - ET_{(6)} - t_{(6,7)} = 18 - 10 - 8 = 0$$

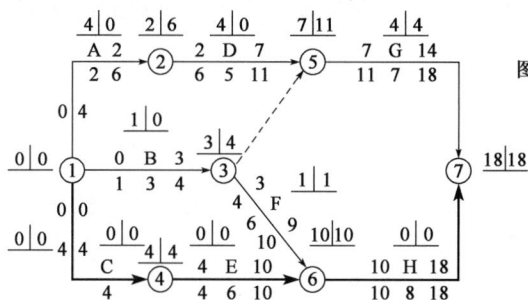

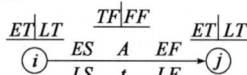

图 9-7 时差参数计算

2）工作的局部时差（FF）。

工作（i,j）的局部时差 $FF_{(i,j)}$ 是在不影响任何一项紧后工作最早可能开始时间的条件下，本工作（i,j）所具有的机动时间。工作（i,j）的局部时差反映了工作（i,j）最早可能完成时间到其紧后工作（j,k）最早可能开始时间之间的时间间隔，有时也被称为自由时差，它属于总时差的一部分。计算如下，并标注在图 9-7 上。

$$FF_{(1,2)} = ET_{(2)} - ET_{(1)} - t_{(1,2)} = 2 - 0 - 2 = 0$$
$$FF_{(1,3)} = ET_{(3)} - ET_{(1)} - t_{(1,3)} = 3 - 0 - 3 = 0$$
$$FF_{(1,4)} = ET_{(4)} - ET_{(1)} - t_{(1,4)} = 4 - 0 - 4 = 0$$
$$FF_{(2,5)} = ET_{(5)} - ET_{(2)} - t_{(2,5)} = 7 - 2 - 5 = 0$$
$$FF_{(3,6)} = ET_{(6)} - ET_{(3)} - t_{(3,6)} = 10 - 3 - 6 = 1$$
$$FF_{(4,6)} = ET_{(6)} - ET_{(4)} - t_{(4,6)} = 10 - 4 - 6 = 0$$
$$FF_{(5,7)} = ET_{(7)} - ET_{(5)} - t_{(5,7)} = 18 - 7 - 7 = 4$$
$$FF_{(6,7)} = ET_{(7)} - ET_{(6)} - t_{(6,7)} = 18 - 10 - 8 = 0$$

工作局部时差有以下主要特点：

（1）工作的局部时差总是小于或等于其总时差，即 $FF_{(i,j)} \leqslant TF_{(i,j)}$；

（2）使用工作的局部时差，对紧后工作的最早可能开始时间没有任何影响；

（3）工作的局部时差用于控制工程项目实施过程中的中间进度或称为形象进度，即用来掌握网络计划图中各项工作的最早时间，以便控制计划各阶段按期完成。

综上所述，工作时差的计算有十分重要的意义，计划管理人员根据时差的大小来协调施工组织，控制项目的总工期。可在时差范围内改变工作的开始或完成时间以达到施工均衡性的目的；或在机动时间内适当增加非关键工作的持续时间，相应地将其部分劳动力和设备、材料转移到关键工作中去，以确保关键工作按期完成，从而达到按期或提前完成工程进度计划的目的。

3）工作时差参数的计算步骤。

网络图工作时间参数的计算采用图算法计算时差参数，主要是避免抽象记忆计算公式，而是利用图例的相对位置理解参数的计算过程和方法。因此计算步骤为：

（1）掌握计算工作参数的左右时间边界，找到节点参数从小到大排列的规律，分清左边最

小,右边最大;

(2)通过"最右边减去最左边再减去时间"或者"最大值减去最小值再减去时间"的方法即可求出总时差数值大小,即工作的总时差等于箭头节点最迟时间减去箭尾节点最早时间再减去其工作的持续时间;

(3)通过"两节点上左边时间相减再减去时间"或者"左边相减再减时间"的方法即可求出局部时差的数值大小,即工作的局部时差等于箭头节点最早时间减去箭尾节点最早时间再减去其工作的持续时间。

(4)关键线路的特性:

①判别关键工作。

使用总时差判断关键工作的充要条件是:

$$TF_{(i,j)} = 0$$

如图 9-7 中①→④→⑥→⑦即为关键线路,关键线路一般在图中以双箭线或用加粗线标明。

②关键工作与非关键工作区别。

关键线路上的工作称为关键工作。关键工作没有任何机动时间,即工作的总时差为零。在网络计划中除了关键线路之外的线路称为非关键线路,在非关键线路中总是存在有一定数量的时差,其中存在时差的工作称为非关键工作。值得注意的是,非关键线路并不是全由非关键工作组成,在网络图的任何一条线路中,只要有一项非关键工作,则这条线路就是非关键线路,其线路长度小于关键线路长度。所以,只有全部由关键工作组成的线路才能构成关键线路,即关键工作连成关键线路,不在关键线路上的工作则为非关键工作。

网络计划图中的每个节点都有两个时间参数,最早可能实现时间和最迟必须实现时间。利用节点时间参数来确定关键线路时,首先要判别节点是否为关键节点,如果节点最早可能实现时间等于节点最迟必须实现时间,即 $ET_{(j)} = LT_{(j)}$,则称节点 j 为关键节点;其次要判断两个关键节点之间的工作是否构成关键工作,其判别式为:

箭尾节点时间 + 工作持续时间 = 箭头节点时间

如果上式成立,则这项工作为关键工作,否则就是非关键工作。

计算网络计划时间参数的目的之一是找出计划中的关键线路。找出了关键线路也就抓住了工程进度计划的主要矛盾,这样就可使工程管理人员在施工的组织和管理工作中做到心中有数。

第五节 时间坐标网络计划

一、时间坐标网络计划的概念

1. 时间坐标网络计划的特点

(1)时间坐标网络计划结合了横道图和网络图的优点,既有通常使用的横道计划图的时间比例,又具有网络计划图中的逻辑关系,能直观地反映出整个计划的时间进程。

（2）时间坐标网络计划能直接反映出各项工作的开始和结束时间、机动时间及网络计划中的关键线路。在计划执行过程中，可以随时查出哪些工作已经完成，哪些工作正在进行及哪些工作将要开始。

（3）由于时间坐标网络计划图能清楚地表示出哪些工作需要同时进行，因此可以确定在同一时间内对劳动力、材料和机械设备等资源的需要量。

（4）通过优化调整后的时间坐标网络计划，可以直接作为进度计划下达到执行单位使用。

（5）时间坐标网络计划的调整比较麻烦，当情况发生变化时，如资源的变动或工期拖延后要对时间坐标网络计划进行修改时，因为改变工作持续时间就需要改变箭杆线的长度和节点的位置，这样往往因移动局部几项工作而牵动整个网络计划。

2. 时间坐标网络计划的应用

（1）利用时间坐标网络可以方便地编制工作项目，并且工艺过程较简单的施工进度计划，编制中能迅速地边计算、边绘制、边调整。

（2）对于大型复杂的工程，可以先用时间坐标网络计划的形式绘制各分部工程的网络计划，然后再综合起来绘制出比较简明的总网络计划。也可以先编制一个总的施工网络计划，然后每隔一段时间，再对下一阶段应开始的分部工程绘制详细的时间坐标子网络计划图。在执行过程中，如果时间有变化，则不必改动整个网络计划图，而只对这阶段分部工程的子网络图计划进行修订就可以了。

（3）由于时间坐标网络计划清楚、直观，能直接表示各项工作的时间进程，所以可将已编制并计算优化好的一般网络计划绘制成时间坐标网络计划，并作为进度计划下达执行。

二、时间坐标网络计划图的绘制

时间坐标网络计划图可以按节点最早时间和节点最迟时间标画。这种时间坐标网络计划图主要供计划管理人员分析计划和实施资源优化之用。

1. 按节点最早时间绘制时间坐标网络计划图

（1）绘制前，首先对一般网络计划进行计算，求出各节点的时间参数作为绘制时间坐标网络图的依据，并确定关键线路；

（2）做出时间坐标，网络起点节点定位在时间坐标网络计划图的起始刻度线上，将关键线路上的关键工作所对应的节点定位于时间坐标的刻度线上，并绘制于图中适当的位置；

（3）按工作的最早可能实现时间将各节点绘制在相应的时间坐标刻度上，自左向右依次确定其他节点的位置，直至终点节点；

（4）用实线水平投影长度表示工作持续时间，其他不足以到达该节点的实箭线用波形线补足，波形线靠右画；

（5）虚工作应绘制成垂直的虚箭线，若虚箭线的开始节点与结束节点之间有水平距离时，用波形线补足，波形线的长度为该虚工作的自由时差。

【例9-1】 按节点最早时间绘制时间坐标网络计划图

绘制无时间坐标双代号网络计划图，如图9-8所示，计算时间参数（此处略），确定关键线路①→②→⑤→⑦→⑨。

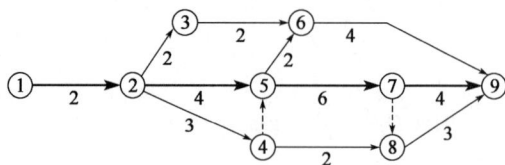

图9-8 一般网络计划图

现按节点最早时间将各节点准确定位在时间坐标的刻度上,并按上述步骤把它绘制成时间坐标网络计划图,见图9-9。

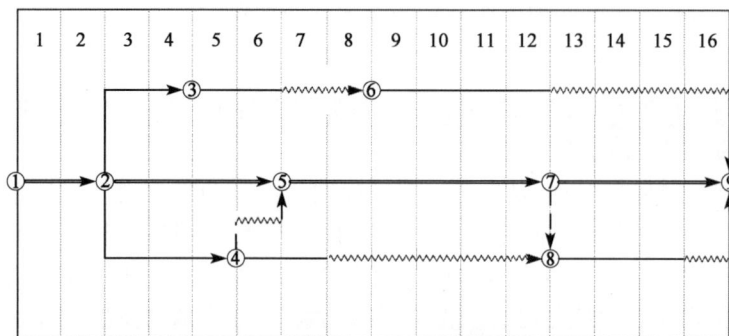

图9-9 按节点最早时间绘制的时间坐标网络计划图

(6)按节点最早时间绘制的时间坐标网络计划图,需要注意:

①时间坐标网络计划图中所有节点的位置,应按节点的最早可能实现时间绘制在相应的时间坐标上;

②工作用实箭线表示,实箭线的长短表示工作持续时间的长度;虚工作仍用虚箭线表示;工作的机动时间用波浪线表示;

③时间坐标网络计划图中各节点的纵向位置没有时间的含意。

2.按节点最迟时间绘制时间坐标网络图

这里仍以图9-8所示一般网络计划图为例,来按节点最迟必须实现时间绘制成时间坐标网络计划图,画法步骤如下:

(1)首先对一般网络计划进行计算,求出各节点的时间参数作为绘制时间坐标网络计划图的依据,并确定关键线路;

(2)做出时间坐标,网络起点节点定位在时间坐标网络计划图的起始刻度线上,将关键线路上的关键工作所对应的节点定位于时间坐标的刻度线上,并绘制于图中适当的位置;

(3)按工作的最早可能实现时间将各节点绘制在相应的时间坐标刻度上,自右向左依次确定其他节点的位置,直至起点节点;

(4)用实线水平投影长度表示工作持续时间,其他不足以到达该节点的实箭线用波形线补足,波形线靠左画;

(5)虚工作应绘制成垂直的虚箭线,若虚箭线的开始节点与结束节点之间有水平距离时,用波形线补足,波形线的长度为该虚工作的自由时差。

图9-10所示为按节点最迟时间绘制的时间坐标网络计划图。同样应注意,时间坐标网络

计划图中所有节点的位置应按各节点的最迟必须实现时间绘制在相应的时间坐标上。图中各项工作及其持续时间、机动时间和虚工作的表示方法与按最早时间绘制的时间坐标网络计划相同。

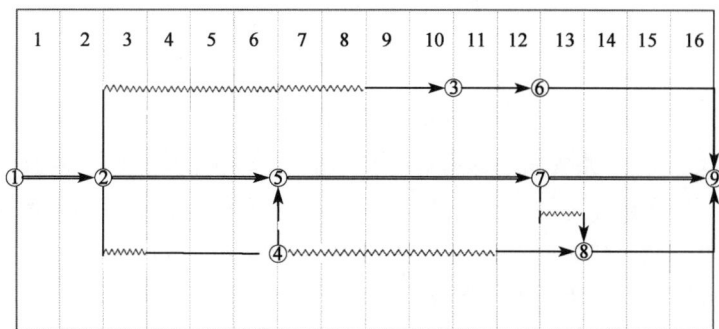

图 9-10　按节点最迟时间绘制的时间坐标网络计划图

从图 9-9 和图 9-10 可以看到，按最早时间绘制的时间坐标网络计划图的特点是"前紧后松"，线路的机动时间多半分布在后面，此时图中所表示的机动时间为各工作的局部时差。按最迟开始时间绘制的时间坐标网络计划图的特点是"前松后紧"，即线路的机动时间多半分布在前面，此时图中所表示的机动时间不是各项工作的局部时差，它是工作以最迟必须开始时间开始，并以最迟必须结束时间结束时所具有的机动时间。

（6）在绘制时要注意以下几点：

①在定各个节点的位置时，一定要在所有内向箭线全部绘出以后，才能最后确定该节点的位置；

②每项工作的实箭线长度必须严格按照其持续时间来画，如果该工作与紧后工作的开始节点还有距离，应用虚线加以连接；

③绘制的时间坐标网络计划图最好与原一般网络计划图的形状相似，以便检查和核对。

3. 时间坐标的表示方法

时间刻度画在什么位置，采用什么形式并无一定的标准，时间坐标可以采用垂直分格，也可以只绘制在网络计划图的上方或者下方。常用的时间坐标各有特点，可以根据需要选用。

第六节　单代号网络图的绘制与计算

一、单代号网络计划图的构成

单代号网络计划图和双代号网络计划图一样，也由三要素组成，但其含义却完全不同。

1. 节点

单代号网络计划图中的节点可以用圆圈或方框表示，一个节点表示一项具体的工作过程。节点所表示的工作的名称、持续时间和代号一般都标注在圆圈内，如图 9-11 所示。

105

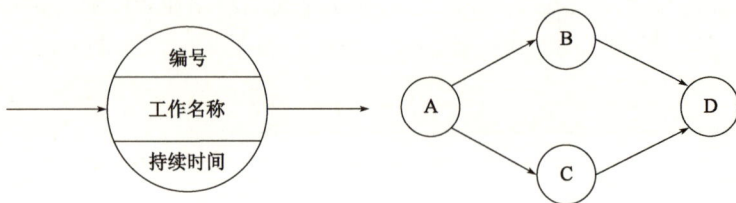

图9-11　节点示意图

值得注意的是，单代号网络图的开始节点和结束节点不同于双代号网络图，而是要视网络图中最先开始的工作数量或者最后结束的工作数量的多少来决定节点的选择方式。如果同时存在多个最先开始或最后结束的工作，就必须虚设一个始工作或终工作。如果只有一个最先开始工作或一个最后结束工作就不用虚设了。

2.箭线

在单代号网络计划图中，箭线表示工作之间的相互逻辑关系，它既不消耗时间也不消耗资源，代表工作之间的直接约束关系。因此，在单代号网络计划图中不存在虚箭线，箭杆线的箭头方向表示着工作的前进方向。同时逻辑关系越是复杂，表示直接联系的箭线就越多，就可能出现箭线交叉的情况，如图9-11所示的单代号网络图中，A为B、C的紧前工作，D为B、C的紧后工作。

3.线路

与双代号网络图一样，在单代号网络计划图中，存在大量的线路，对网络图研究的中心任务是研究关键线路。

二、单代号网络计划图的绘制

单代号网络计划图与双代号网络计划图表达的计划内容是一致的，两者的区别仅在于绘图的符号所表示的意义不同。单代号网络计划图的绘制过程和双代号网络计划图一样，先将计划任务分解成若干项具体的工作，然后确定这些工作之间的相互关系，以及各项工作的持续时间，持续时间的确定仍然应按正常情况下来进行。

1.单代号网络图逻辑关系的表示

由于单代号网络图与双代号网络图的区别仅在于图形表达符号不同，而表达进度计划的内容是相同的，所以绘制双代号网络图的基本规则，在单代号网络图绘制中都应遵守。即一张单代号网络图也只能允许有一个起点和一个终点，且除网络图开始节点和结束节点外，其他中间节点，其前面至少必须有一个紧前工作节点，其后面至少必须有一个紧后工作节点，并以箭线相连接。如图9-12所示的单代号网络计划图，它的开始节点和结束节点都是虚设的。

此外，单代号网络计划图中，一个代号只能代表唯一的某项工作；不允许出现闭合回路，不允许出现双向箭线或线段，避免使用反向箭线；网络图布局应合理等，与双代号网络图绘制规则完全相同。

2.单代号网络图的绘图方法

绘制单代号网络计划图也可采用前进法、后退法和先粗后细法。工程项目进度计划实际应用中,主要采用先粗后细法绘制单代号网络图。确定工作之间的相互关系后,多采用前进法或后退法绘制单代号网络图。

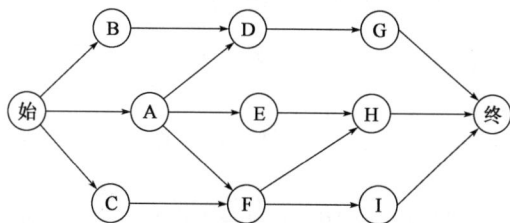

图9-12 虚拟开始节点和结束节点的单代号网络图

3. 单代号网络图的特点

通过单代号网络图与双代号网络图的比较可以看出,单代号网络图的绘制方法比较简单,图中各项工作的相互关系容易表达而且不存在虚工作,使得单代号网络图便于检查与修改。但是单代号网络图不能绘制成时间坐标网络图,而双代号网络图可绘成时间坐标网络图,特别是双代号网络图按节点最早开始时间绘制时间坐标网络图时,可以清楚地反映出工作的局部时差,所以进行进度计划下达和对网络计划优化时,经常采用双代号网络计划图。由于双代号网络图和单代号网络图各有优缺点,因此两种形式的网络计划图的应用都很普遍。

4. 单代号网络图的绘制示例

【例9-2】 画出表9-4逻辑关系所示的单代号网络图。

工作名称及逻辑关系表 表9-4

工 作 名 称	A	B	C	D	E	F	G
紧前工作	—	A	A	B	A、B	D、E	D、F、C

解:如图9-13所示。

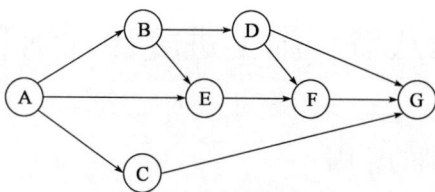

图9-13 单代号网络图

第七节 进度监理概述

一、进度监理的依据

(1)有关法律法规、技术标准等;
(2)勘察设计文件;

(3)监理合同及其他合同文件。

二、监理在施工阶段进度控制的工作要点

(1)认真审批承包人提交的各种详细计划和变更计划,严格控制关键分部分项工程、关键工序的开工时间和完工时间;

(2)督促承包人做好分项工程开工准备工作,及时审批分项工程开工报告,督促分项工程按时开工;

(3)控制承包人的材料、设备按计划供应,技术管理人员和劳动力及时到位,以保证工程按计划实施;

(4)协调好各承包人之间的施工安排,尽可能减少相互干扰,以保证工程顺利进行;

(5)定期检查承包人的实际进度与计划进度是否相符,当对总体工程进度起控制作用的分项工程的实际进度明显滞后于计划进度,且承包人未获得延期批准时,必须督促承包人采取有效措施加快进度,及时修改施工进度计划以保证按期完工。修改后的进度计划必须重新报监理工程师审批;

(6)定期向业主报告工程进度情况;

(7)公正合理地处理好承包人的工期索赔要求。

三、进度控制的措施

(1)组织措施;

(2)技术措施;

(3)合同措施;

(4)经济措施;

(5)信息管理措施。

第八节 施工进度计划编制

一、施工进度计划编制的原则

工程项目进度计划编制应遵循以下基本原则:

(1)合理安排施工顺序,保证在劳动力、材料物资以及资金消耗量最少的情况下,按合同规定工期完成拟建工程施工任务;

(2)采用可靠的施工方法,确保工程项目施工在连续、稳定、安全、优质、均衡的状态下进行;

(3)节约施工成本。

二、施工进度计划编制的依据

(1)工程项目的全部设计图纸,包括工程的初步设计或扩大初步设计、技术设计、施工图

设计、设计说明书、建筑总平面图等;

(2)工程项目有关概(预)算资料、指标、劳动力定额、机械台班定额和工期定额;

(3)施工承包合同规定的进度要求和施工组织设计;

(4)施工总方案(施工部署和施工方案);

(5)工程项目所在地区的自然条件和技术经济条件,包括气象、地形地貌、水文地质、交通水电条件等;

(6)工程项目需要的资源,包括劳动力状况、机具设备能力、物资供应来源条件等;

(7)地方建设行政主管部门对施工的要求;

(8)国家现行的建筑施工技术、质量、安全规范、操作规程和技术经济指标。

三、施工总进度计划编制方法

施工总进度计划编制主要程序如下:

(1)划分工程项目;

(2)计算工程量,确定施工期限;

(3)确定各工程项目的开竣工时间和相互搭接关系;

(4)草拟施工总进度计划;

(5)编制正式的施工总进度计划。

四、单位工程施工进度计划编制方法

(1)现场施工条件分析及相关资料收集;

(2)确定单位工程的工程项目组成;

(3)确定施工顺序;

(4)工程量的计算;

(5)劳动力和船机台班使用量的计算;

(6)确定工程项目的施工持续时间;

(7)草拟施工进度计划;

(8)编制正式施工进度计划;

(9)编制各项资源需要量计划。

第九节　进度计划的审批工作

一、进度计划的提交

1)在中标通知书发出后合同规定的时间内,监理工程师应要求承包人书面提交以下文件(即总体进度计划):

(1)一份详细和格式符合要求的工程总体进度计划及必要的各项关键工程的进度计划;

（2）一份有关全部支付的现金流动估算；

（3）一份有关施工方案和施工方法的总说明(即通过施工组织设计提出)。

2）承包人应在每年 11 月底前,根据已同意的合同进度计划或其修订的计划,向监理人提交两份格式和内容符合监理人合理规定的下一年度的施工计划,以供审查。该计划应包括本年度估计完成的和下一年度预计完成的分项工程数量和工作量,以及为实施此计划将采取的措施。

3）在将要开工以前或在开工以后合理的时间内,监理工程师应要求承包人提交以下文件(即阶段性进度计划文件)：

（1）年度进度计划及现金流动估算；

（2）月度进度计划及现金流动估算；

（3）分项(或分部)工程的进度计划。

4）关于合同进度计划的修订,《公路工程标准施工招标文件》(2018 年版)专用合同条款第 10.2 款(合同进度计划的修订)规定,承包人提交合同进度计划修订申请报告,并附有关措施和相关资料的期限:实际进度发生滞后的当月 25 日前。监理人批复修订合同进度计划的期限:收到修订合同进度计划后 14 天内。

5）《水运工程标准施工招标文件》(JTS 110-8—2018)规定:承包人应在计划开工日期 7 天前,向发包人和监理人报送施工组织设计;监理人应在 7 天内批复或提出修改意见,否则视为已得到批准。

二、进度计划的审批

监理工程师在接到承包人提交的工程进度计划之后,应对进度计划进行认真的审核,其目的是检查承包人所制定的工程进度计划是否合理,有无可能实现,是否适合工程的实际条件和现场情况,避免以空洞的、不切实际的工程进度计划来指导施工,造成工期延误。

1.进度计划的审查步骤

监理工程师应在合同规定的期限内审批承包人提文的进度计划。总体进度计划应由总监理工程师审核;月进度计划等应由驻地监理工程师审核并报总监办。经批准的进度计划作为进度监理的依据。

审查工作应按以下程序进行：

（1）阅读文件、列出问题、进行调查了解；

（2）提出问题,与承包人进行讨论或澄清；

（3）对有问题的部分进行分析,向承包人提出修改意见；

（4）审查批准承包人修改后的进度计划。

2.监理工程师审查计划的内容

监理工程师在审查承包人的工程进度计划时,应注意下列事项：

（1）工期和时间安排的合理性；

（2）施工准备的可靠性；

（3）计划目标与施工能力的适应性。

3.进度计划的修订

在项目实施过程中,当遇到现场施工条件、施工工艺、气候因素、市场环境等各方面发生变化,造成工程实际进度滞后,需要对进度计划进行修订时,应按照以下条款实施:

《公路工程标准施工招标文件》(2018年版)专用合同条款第10.2款规定:实际进度发生滞后的当月25日前,应由承包人提交合同进度计划修订申请报告,并应附有关措施和相关资料。监理人在收到进度计划修订申请报告14天内进行批复。

《水运工程标准施工招标文件》(JTS 110-8—2008)专用合同条款第10.2款规定:承包人应在48小时前向监理人提交修订合同进度计划的申请报告;监理人应在48小时内对承包人提交的申请报告批复,否则视为已得到批准。对非承包人自身原因每月累计停水或停电不超过48小时的情况,施工组织设计中应有相应的保证措施。承包人不得因此顺延工期。

第十节　工程延期和工程延误的管理工作

一、工程进度拖延的分类

工程进度拖延可分为工程延期和工程延误两类。

1.工程延期

工程延期是指因非承包人的责任和风险等因素造成工期延长、承包人依据合同规则提出延期申请并经监理工程师审查和业主批准的工期延长。业主及监理工程师应依据合同规定给承包人延长施工工期,该延期必须满足工期索赔的管理要求。

工程延期产生的原因较多,如异常的天气、大海潮、罢工、人力不可抗拒的天灾、业主变更设计、业主未及时提供施工进场道路、地质条件恶劣等。

在批准工程延期时,如存在有事实证明的经济损失,且承包人已按合同规定提出了费用索赔的要求,则监理工程师和业主除批准工期延长外,还应依据合同的规定批准承包人合理的费用索赔要求;当然也有可能不批准工期延长而给予承包人赶工费用补偿。

2.工程延误

工程延误是指由于承包人的责任而引起的工期拖延,如施工组织协调不好、人力不足、设备不足或完好率较低、劳动生产率低、施工管理混乱、工程质量不符合合同规定的技术标准而造成返工等引起的工期延误。对于非承包人责任等因素导致进度拖延后承包人放弃权利的,也属工程延误。

出现工程延误时,承包人不仅不能获得工期和费用索赔,而且还要向业主赔偿"违约金"。出现工程延误时,监理工程师可依据合同授予的权力,指令承包人加快工程进度,并向业主报告提出采取措施的建议供其决策,包括采取强制分包或终止合同等。这时,加快施工、强制分包、终止合同等造成的一切经济损失,均应由承包人承担。

二、施工进度拖延的原因分析

1. 合同规定承包人有权提出工程延期的情形

(1)任何形式的额外或附加工程;

(2)未能给出占有权;

(3)化石的处理;

(4)图纸、指令等的延迟发出;

(5)工程的暂时停工;

(6)样品与试验;

(7)不利的实物障碍或自然条件;

(8)异常恶劣的气候条件;

(9)业主造成的延误、障碍等;

(10)任何其他的特殊情况。

除以上原因外,其余则属于业主、设计单位、监理工程师等的责任或不可抗力所造成的工程延期。如:由于战争、叛乱,军事政变或内战;离子放射或放射性的污染;因工程设计不当造成的损失或破坏;因业主使用或占用部分已交的永久工程不当造成的损失或破坏;一个有经验的承包人通常也无法预测和防范的任何自然界力量的破坏;监理工程师未及时批复承包人的有关请示文件;监理工程师未及时检测验收等。

对于合同规定承包人可以有权获得工程延期的情况,承包人应以书面形式实事求是地提出有关工程延期的要求,并提供充分的证据,以供监理工程师和业主审批。

2. 承包人自身原因造成的工程延误情形

(1)不能按期开工;

(2)设备不能满足工程需要;

(3)人力不足;

(4)施工组织不善;

(5)材料短缺;

(6)质量事故;

(7)安全事故。

对于因承包人自身原因所造成的工程延误,业主也可采用反索赔的措施,以维护自己的利益。一般在合同文件中都列有工程延误的违约赔偿的条款,明确规定赔偿额的计算方法和标准。

在工程建设实践中,造成工程延误的原因是多方面的,有时甚至是十分错综复杂的,分清是属于哪一方的责任有时甚至是十分困难的。因此,作为监理工程师,要充分地理解和掌握合同文件,当工程建设中出现延误的苗头时,应注意搜集有关的证据资料,以便做出公正合理的判断。

三、工程延误的处理

当工程建设由于承包人自身原因造成工程延误时,监理工程师、业主、承包人都应积极地采取有效措施,尽可能使工程按合同规定的工期完工。监理工程师在处理工程延误时,应充分掌握合同条件,利用合同授予监理工程师的权力,根据工程延误的严重程度,运用工作指令、停工指令、停止支付进度款,要求承包人按投标书附件中规定的金额进行误期赔款,建议终止对承包人的雇用等措施,公正合理地处理工程延误事件。

(一)未按施工进度计划施工的处理

《中华人民共和国标准施工招标文件》(2007年版)规定,承包人应按专用合同条款约定的内容和期限,向监理工程师提交一份格式和细节符合要求的施工进度计划和施工方案说明。监理工程师应在专用合同条款约定的期限内批复或提出修改意见,否则该进度计划视为已得到批准。经监理工程师批准的进度计划称合同进度计划,是控制合同工程进度的依据。承包人还应根据合同进度计划,编制更为详细的分阶段或分项进度计划,报监理工程师审批。

不论何种原因造成工程的实际进度与合同进度计划不符时,承包人可以在专用条款约定的期限内向监理工程师提交修订合同进度计划的申请报告,并附有关措施和相关资料,报监理工程师审批;监理工程师也可以直接向承包人作出修订合同进度计划的指示,承包人应按该指示修订合同进度计划,报监理工程师审批。监理工程师应在专用合同条款约定的期限内批复,批复前应获得业主的同意。

倘若监理工程师不满意承包人所提供的修正合同进度计划,应拒绝采纳。监理工程师批准修正合同计划,并不免除承包人履行合同的责任,且任何时候都应有一个有效的经批准的合同进度计划在使用。但是监理工程师应注意,提供意见和协助是必要的,但切勿指示承包人如何加快施工。

监理工程师必须注意,批准修正的合同进度计划仍以合同工期目标为依据;否则,将会被视为准许延长施工期限的批复。

(二)施工进度过于缓慢的处理

1. 工程进度过于缓慢的处理

工程进度缓慢,使工程明显无法如期完成时,监理工程师应在认为合理的时候发出通知,告知承包人工程进度过于缓慢,以引起承包人的高度重视。

承包人应尽可能采取一切有效措施,以确保工程的按时完成。如承包人没有采取措施或措施不力,无法加快工程进度时,监理工程师应采用如下行动,以提高进度管理效果:

(1)访问工地取得问题的第一手资料,并加以研究,找出存在问题的关键及研讨可能解决的办法;

(2)约见承包人的法人代表,协商可能采取的行动计划;

(3)要求承包人公司领导率应急工作组进驻施工项目部,保持与应急工作组的经常联系,经常召开联席会议,以加强对工程进度的监控,促使承包人履行承诺;

(4)邀请业主主要领导参加工地会议和上述联席会议,以便协商解决进度中的突出问题。值得注意的是,进度越延迟,问题越难以解决。因此,监理工程师对此应尽早采取有效措施。

倘若业主决定进入工地并将承包人逐出,则监理工程师必须确定及记明承包人于被逐时应得的款项和已完工程的施工设备及临时工程的价值。

2. 工程进度受严重阻延的处理

当工程进度计划受到严重阻延且有理由确认承包人无法按期完成工程时,或确认有下列情况者,监理工程师必须及时向业主证实承包人违约的事实,然后由业主决定是否按监理工程师所证实的违约事宜采取行动:

(1)承包人无法继续履行或明确表示不履行或实质上已停止履行合同;

(2)承包人未按合同进度计划及时完成合同约定的工作,已造成或预期造成工期延误;

(3)虽然监理工程师提出警告,而承包人并没有遵从合同作业;或当作业时,持续地或者公然地不理会合同规定应负的责任。

3. 业主可采取的行动主要有以下几种:

(1)终止与承包人的合同;

(2)将部分(或剩余)工程强制分包给其他承包人或自己完成。

业主向承包人发出解除合同通知后,可派人进驻施工场地,并可根据需要扣留使用其认为合适的那部分承包人在现场的设备、临时设施和材料。

四、工程延期的处理

当工期拖延为非承包人原因引起时,如果承包人提出延期申请,监理工程师应按照合同规定,进行认真的调查研究、计算和审核并报业主批准,同意承包人延长工期的权利。当然,如果采用赶工更合理,且承包人也同意赶工,监理工程师也可通过与业主、承包人协商,由业主支付额外的赶工费用,使工程项目按合同工期完工。

(一)承包人申请延期

根据《中华人民共和国标准施工招标文件》(2007 年版)通用合同条款规定,承包人在有延期理由的情况下,应在发生此类事件的 28 天内,向监理工程师发出延期意向通知书,并向业主递交延期意向通知书的副本,才真正具有延期申请的资格。如果承包人未在前述 28 天内发出索赔意向通知书,则丧失要求延长工期的权利,监理工程师将不予考虑延期。

承包人在递交了延期意向通知书后,还应在 28 天内递交最终延期申请通知书,详细地列出认为有权要求延期的具体情况、证据、记录、网络进度计划图、工程照片等。

如所发生的延期事件具有连续影响性,则承包人应在合理的时间间隔向监理工程师和业主(副本)提交分阶段的情况报告,说明连续影响的实际情况和记录,列出累计的工期延长天数,并在事件影响结束后的 28 天内提交最终的详细情况报告,以便监理工程师研究审批此事件的延期申请,做出延期决定,并在收到最终延期通知书或有关延期的进一步证明材料后的 42 天内,将延期处理结果答复承包人。

(二)监理工程师批准延期申请

1. 审查的主要内容

监理工程师在收到承包人提交的延期意向通知书后,应指示现场监理工程师及有关监理人员做好资料的记录,并检查监理机构有无影响工程延期的情况。然后对承包人的延期申请和详细的补充情况资料及证据进行细致的研究。主要审查内容如下：

（1）此延期事件是否符合合同规定的索赔条件；

（2）延期事件是否会影响合同项目的按期完工；

（3）延期事件是否发生在施工进度计划中的关键线路上；

（4）延期申请所提交的情况说明、证据、资料是否准确、符合实际等。

2. 延期审批期限

监理工程师应在收到最终延期申请通知书后，应及时审查延期申请通知书的内容，查验承包人的记录和证明材料，必要时监理工程师可要求承包人提交全部原始记录副本。监理工程师应就延期事宜及处理意见与业主、承包人充分协商，尽量达成一致，并在收到最终延期通知书或有关延期的进一步证明材料后的 42 天内，将延期处理结果答复承包人。

3. 延期审批的关键

承包人的延期申请能够成立并获得批准的条件如下：

（1）延期事件的发生是真实的，并有证据表明；

（2）延期事件产生的原因，是在承包人所承担的责任和风险之外，且符合合同规定的延期索赔条款；

（3）延期事件是发生在已批准的工程进度计划的关键线路上；

（4）承包人在 28 天内（或尽可能提前）向监理工程师提供了工期索赔的申请；

（5）计算正确、合理。

上述 5 条中，只有同时满足前四条延期申请才能成立；至于延长时间的计算，监理工程师可以根据自己的记录资料，做出公正合理的计算分析。

4. 工期索赔必需的证据

承包人根据合同规定向监理工程师报送延期申请资料时，应注意尽可能地使所报送的资料和证据准确、完备，符合合同条款规定，有说服力。工期索赔的资料应包括以下内容：

（1）提出合同条款的法律论证部分，以证实自己提出索赔要求的法律依据。

（2）提出原合同协议工期应延长的时间数，以说明自己应获得的展延工期。

证据对索赔工作具有决定性的作用。在施工过程中应始终做好资料的积累工作，建立完善的资料记录制度，认真系统地积累合同、施工进度、质量及财务收支资料。对于要发生索赔的一些工作项目，从准备向监理工程师提出索赔要求起，就要有目的地收集证据资料，寻找合同依据，系统地拍摄工地现场，妥善保管开支收据，有意识地为索赔文件积累必要的证据。

（3）在工程索赔工作中，一般需要以下几个方面的资料。对某些特殊的索赔项目，除下述证据资料外，还需准备其他专门的证据。

施工记录方面：

①施工日志；

②施工检查员的报告；

③逐月分项施工纪要；

④施工工长的日报；

⑤每日工时记录；

⑥同监理工程师的往来通信及文件；

⑦施工进展及特殊问题的照片；

⑧会议记录或纪要；

⑨施工图纸；

⑩同监理工程师或业主的电话记录；

⑪投标时的施工进度计划；

⑫修正后的施工进度计划；

⑬施工质量检查记录；

⑭施工设备使用记录；

⑮施工材料使用记录；

⑯工地气候记录等。

财务记录方面：

①施工进度款支付申请单；

②工人劳动计时卡；

③工人分布记录；

④工人工资单；

⑤材料、设备、配件等的采购单；

⑥付款收据；

⑦收款单据；

⑧标书中财务部分的章节；

⑨工地的施工预算；

⑩工地开支报告；

⑪会计日报表；

⑫会计总账；

⑬批准的财务报告；

⑭会计来往信件及文件；

⑮通用货币汇率变化表。

上述资料，承包人、监理工程师、业主都应经常地、系统地积累，以备开展索赔管理需要。在报送索赔报告文件时，仅摘取直接论证的部分，并尽可能利用图表对比的方式，并附有关的照片，使其一目了然，有说服力。同时，要根据索赔内容，查找上述资料范围以外的证据。例如，在要求延长工期时，应补充气象、水文各类资料，进行对比，以论证自然条件对工期的严重影响等。索赔报告中包括的财务方面的证据资料，除索赔人的论证外，最好附有注册会计师或审计部门的审计报告，以证明财务方面证据的正确性。

5.工程延期的计算

延期索赔的工期计算是一项十分复杂的问题，这是由于工程的进展情况千变万化，错综复杂，具有单一性、不可重复性。因此，在延期索赔的工期计算中不可能千篇一律。

开展延期索赔计算分析时，应遵守以下基本原则：

(1)延期的时间必须是影响到整个合同工程，而不是某一单体工程或某一分包单位所承包的工程。

(2)延期的工程项目必须是现行的施工进度计划中的关键项目。

在工程进展中,承包人的某些工程项目,虽然根据合同条件规定可以申请延期,但由于此工程项目不处于监理工程师批准的施工进度计划中的关键线路上,只要此事件所造成延误的时间不超过该工程项目的时差范围,也就是说没有转化为关键工作,成为新的关键线路,则此延期申请是不合理的,监理工程师应拒绝其延期。因此,在工程实施过程中始终存在一个有效的经监理工程师批准的合同进度计划,否则,发生延期事件,监理工程师将无法合理评价分析和审批。

(3)异常恶劣的气候条件不是简单地与平均、正常的天气做比较,而是要侧重异常、恶劣的程度论证。

因为承包人按招标文件规定,进行现场自然条件和技术经济条件的调查,取得有关统计基础资料后才能投标报价,而天气异常恶劣情况,是指一个有经验的承包人也无法预料的情况。

6. 工程延期的控制

发生工程延期事件,不仅影响工程的进展,而且会给业主带来损失。因此,监理工程师应做好以下工作,以减少或避免工程延期事件的发生。

(1)选择合适的时机下达工程开工令。

监理工程师在下达工程开工令前,应充分考虑业主的前期准备工作是否充分。特别是征地、拆迁问题是否已解决,设计图纸能否及时提供,施工许可是否已经办理,以及付款方面有无问题等,以避免由于上述问题缺乏准备而造成工程延期。

(2)提醒业主履行施工承包合同中所规定的职责。

在施工过程中,监理工程师应经常提醒业主履行自己的职责,提前做好施工场地及设计图纸的提供工作,及时支付工程进度款,以减少或避免由此而造成的工程延期。

(3)妥善处理工程延期事件。

当延期事件发生以后,监理工程师应根据合同约定及时进行妥善处理,既要尽量减少工程延期时间及其损失,又要在详细调查研究的基础上合理批准工程延期时间。

此外,业主在施工过程中应尽量少干预、多协调,以避免由于业主的干扰和阻碍而导致延期事件的发生。

第十章 费 用 控 制

第一节 水运工程工程量计算规则

交通运输部于 2020 年 10 月 15 日发布的《水运工程工程量清单计价规范》(JTS/T 271—2020)明确规定了水运工程工程量计算规则。监理人在计算工程数量时,当合同文件有明确规定的应按照合同规定执行,当合同文件没有明确规定的应按照《水运工程工程量清单计价规范》(JTG/T 271—2020)中的工程量计算规则执行。现把监理工作中经常运用的内容介绍如下。

一、疏浚工程

(1)挖泥工程量应按设计图纸计算净量。

(2)疏浚岩土的分类分级应根据疏浚岩土的勘察报告和岩土试验报告确定,并应符合现行行业有关标准的规定。

(3)对于有自然回淤的施工区域,施工期自然回淤量应单独计算并计入工程量。

(4)在同一施工区域出现不同疏浚岩土级别时,应分别计算工程量。

(5)吹填工程量应按设计图纸净量,扣除吹填区围堰、子堰等的体积计算;原土体的沉降应单独计算并计入工程量;吹填土体的流失、固结量等可在综合单价中考虑。

二、土石方工程

(1)土石方开挖及回填工程量应按设计图纸计算净量,回填工程原土体的沉降量应单独计算并计入工程量。

(2)按设计图纸计算填筑工程量时,不应扣除预埋件和面积小于或等于 $0.2m^2$ 的孔洞所占的体积。

(3)坡度陡于 1:2.5 的陆上坡面开挖,应按岸坡挖土方计算。

(4)槽底开挖宽度小于或等于 3m,且槽长大于 3 倍槽宽的陆上开挖工程可按地槽计算。

(5)不满足上条规定且坑底面积≤$20m^2$ 的陆上开挖工程,应按地坑计算。

(6)除岸坡、地槽、地坑以外的陆上开挖工程应按一般挖土方计算。

(7)平均高差超过 0.30m 的陆上土方工程,应按土方挖填以体积计算工程量。反之,应按场地平整以面积计算工程量。

(8)洞室土方开挖断面面积大于 $2.5m^2$ 或石方开挖断面面积大于 $5m^2$ 时,水平夹角不大于 6° 的应按平洞土石方开挖计算;水平夹角在 6°~75° 的应按斜井土石方开挖计算;水平夹角大于 75° 且深度大于上口短边长度或直径的应按竖井土石方开挖计算工程量。平洞、斜井、竖井土石方开挖的工程量应按设计图纸以体积计算。

（9）夹有孤石的土方开挖,大于 $0.7m^3$ 的孤石应按石方开挖计算。

（10）开挖地槽、地坑应按设计图纸计算工程量。

（11）土方开挖各类槽、坑的计算长度应根据自然地面起伏状况划分成若干段,每段长度一般不宜大于 10m。

（12）土方开挖工程量不应计算工作面开挖小排水沟、修坡、铲坡、清除草皮、工作面范围内的小路修筑、交通安全以及必需的其他辅助工作等。

（13）设计坡度陡于 1：2.5,且平均开挖厚度小于 5m 的石方开挖,应按坡面石方开挖计算。

（14）陆上石方工程沟槽底宽≤7m,且长度大于 3 倍宽度可按沟槽计算。不满足上述条件,且底面面积小于 $200m^2$、深度小于坑底短边长度或直径可按基坑计算。

（15）除坡面、沟槽、基坑、洞室以外的陆上石方开挖应按一般石方计算。

（16）开挖沟槽、基坑石方应按设计图纸计算工程量。

（17）不允许破坏岩层结构的陆上保护层石方开挖,设计坡度不陡于 1：2.5 时,应按底部保护层石方开挖计算;设计坡度陡于 1：2.5 时,应按坡面保护层石方开挖计算。

（18）陆上石方开挖保护层应按设计图纸计算工程量。

（19）预裂爆破应按预裂面内的岩石开挖计算。

（20）水下挖泥水深应按施工水位与设计挖槽底高程之差扣除平均泥层厚度之半确定。

（21）水下抛填工程应计入原土沉降增加的工程量。

（22）水下抛填水深应按施工水位与设计挖槽底高程之差扣除基床厚度之半确定。

（23）基床夯实范围应按设计文件确定。当设计文件未规定时,可按建构筑物底面尺寸各边加宽 1.0m 确定;分层抛石、夯实可按分层处的应力扩散线各边加宽 1.0m 确定。

（24）基床整平范围的确定应满足下列要求:

①粗平时建构筑物取底面尺寸各边加宽 1.0m,有护面块体时取压脚块底边外加宽 1.0m;对于码头基床包括全部前肩范围;

②细平时建构筑物取底面尺寸各边加宽 0.5m,有护面块体时取压脚块底边外加宽 0.5m;对于码头基床包括全部前肩范围。

（25）基床理坡工程量应以面积计算。

（26）砌筑工程量应按设计砌体外形尺寸以体积计算。砌体表面加工应按设计要求计算砌体表面展开面积。砌体砂浆勾缝应按不同的砌体材料区分平面、斜面、立面、曲面以及平缝、凸缝,分别按砌体表面展开面积以面积计算。砌体砂浆抹面应按不同厚度区分平面、斜面、立面、曲面、拱面,分别按砌体表面展开面积以面积计算。

（27）沥青混凝土工程量应按设计图纸以面积计算,封闭层按设计图纸或实际测量尺寸以面积计算。

三、地基与基础工程

（1）基础打入桩应根据不同的土质类别、桩的类别、断面形式、桩长,以根或体积计算混凝土桩工程量,以根或重量计算钢桩工程量。

(2)基础打入桩工程量计算应满足下列要求:斜度小于或等于8:1的基桩按直桩计算;斜度大于8:1的基桩按斜桩计算;在同一节点由一对不同方向的斜桩组成的基桩按叉桩计算;在同一节点中由两对不同方向叉桩组成的基桩组按同节点双向叉桩计算;独立墩或独立承台结构体下的基桩,或含3根及3根以上斜桩且不与其他基桩联系的其他结构体下的基桩按墩台式基桩计算;引桥设计纵向中心线岸端起点至码头前沿线最远点垂线距离大于500m时,码头部分的基桩按长引桥码头基桩计算。

(3)陆上施打钢筋混凝土方桩、管桩,当桩顶低于地面2m时,应按深送桩计算;设计文件要求试桩时,试桩工程量应单独计算。

(4)基础灌注桩工程量计算应满足下列要求:

①成孔工程量按不同的设计孔深、孔径、土类划分,以根或体积计算;孔深按地面至设计桩底计算;

②灌注桩混凝土工程量根据不同的混凝土强度等级,按设计桩长、桩径计算;扩孔因素不计入工程量;

(5)地下连续墙工程量应根据成槽土类、混凝土强度等级,按设计延米、宽度、槽深以体积计算。

(6)软土地基加固堆载预压工程量计算应满足下列要求:堆载预压工程量根据不同的预压荷载、堆载料的要求以面积计算;堆载材料用量以体积计算;设计文件未明确堆载材料放坡系数时,放坡系数按1:1计算;原土体的沉降,应单独计算工程量。

(7)软土地基加固真空预压工程量根据不同的真空预压要求以面积计算。

(8)软土地基加固联合堆载真空预压时,应分别计算堆载工程量和真空预压工程量。

(9)软土地基加固塑料排水板工程量应以根或长度计算。

(10)软土地基加固陆上强夯工程量应根据不同的夯击能量等要求,按设计强夯加固面积计算。夯坑填料量应按体积单独计算工程量。

(11)软土地基加固打砂桩(砂井)工程量应以根或体积计算,袋装法以根或长度计算。

(12)软土地基加固陆上打碎石桩工程量应以根或体积计算。

(13)深层水泥拌和加固水下基础、水泥拌和桩、粉喷桩、旋喷桩工程量,应按设计加固体积计算。

(14)钻孔灌浆中的钻孔工程量应根据设计图纸按设计进尺以计算长度;其灌浆工程量应根据设计图纸按设计灌浆深度以长度计算。

(15)砂砾石层帷幕灌浆、土坝劈裂灌浆工程量,应按设计图纸的有效灌浆长度计算。

(16)岩石层帷幕灌浆、固结灌浆工程量,应按设计图纸计算的有效灌浆长度或设计净干耗灰量计算。

(17)接缝灌浆、接触灌浆工程量,应按设计图纸计算的混凝土施工缝或混凝土坝体与坝基、岸坡岩体的接触缝有效灌浆面积计算。

(18)沉井下沉工程量,应根据设计图纸按设计沉井平面投影面积乘以下沉深度计算。

四、混凝土工程

(1)混凝土及钢筋混凝土的工程量应根据设计图纸以体积计算。不应扣除钢筋、铁件、螺栓孔、三角条、吊孔盒、马腿盒等所占体积和单孔面积在 0.2m² 以内的孔洞所占体积。

(2)陆上现浇混凝土工程量计算应满足下列要求：

①陆上现浇混凝土基础工程：独立基础根据断面形式以体积计算；带形基础根据断面形式以体积计算，其中有肋带形基础的肋高与肋宽之比在 4∶1 以内时按有肋带形基础计算，超过 4∶1 时底部按板式基础计算，底板以上部分的肋按墙计算；无梁式满堂基础的扩大角或锥形柱墩并入满堂基础内计算工程量，箱式满堂基础按无梁式满堂基础、柱、梁、板、墙等项目分别计算工程量；除块形以外其他类型的设备基础分别按基础、梁、柱、板、墙等项目计算。

②陆上现浇混凝土柱：柱高自柱基上表面算至顶板或梁的下表面，有柱帽时柱高自柱基上表面算至柱帽的下表面；牛腿并入柱身以体积计算。

③陆上现浇混凝土梁：基础梁按全长计算体积；主梁按全长计算，次梁算至主梁侧面；梁的悬臂部分并入梁内一起计算；梁与混凝土墙或支撑交接时，梁长算至墙体或支撑侧面；梁与主柱交接时，柱高算至梁底面，梁按全长计算；梁板结构的梁高算至面板下表面。

④陆上现浇混凝土板：平板按板混凝土实体体积计算；伸入支撑内的板头并入板体积内计算。

⑤陆上现浇混凝土墙：墙体的高度由基础顶面算至顶板或梁的下表面，墙垛及突出部分并入墙体积内计算；墙体按不同形状、厚度分别计算体积。

⑥预制梁、板、柱的接头和接缝现浇混凝土工程量应单独计算。

⑦陆上现浇混凝土廊道、坑道、沟涵、管沟计算工程量时可将底板、墙体、顶板合并整体计算。陆上现浇混凝土拨车机基础、牵引器基础、夹轮器基础、带排水沟的挡土墙工程量，按不同作用可分别整体计算。

⑧陆上现浇混凝土池：池底板、池壁、顶板分别计算；池底板的坡度缓于 1∶1.7 按平面板计算，陡于 1∶1.7 的按锥形底板计算；池壁高度从底板上表面算至顶板下表面，带溢流槽的池壁将溢流槽并入池壁体积计算；污水处理系统中澄清池中心结构按整体计算。

⑨陆上现浇混凝土卸车坑：底板、墙体、梁、面板、漏斗分别计算；火车轨道梁和框架梁单独计算，其他梁按断面形式分别计算；漏斗按整体计算，并算至墙体或梁的侧面。

⑩陆上现浇混凝土筒仓：筒仓底板上的各种支座混凝土并入底板计算；底板顶面以上至顶板底面以下为筒壁，筒壁工程量计算扣除门窗洞口所占体积，各仓间连接部分并入筒壁计算；钢制漏斗的混凝土支座环梁及板，算至筒壁内表面，现浇混凝土漏斗将环梁、板并入漏斗一并计算；筒仓顶板、进料口和顶面设备支座混凝土一并计算。

(3)翻车机房基础工程量计算应满足下列要求：

①翻车机房基础混凝土按不同结构部位分为底板、墙体、梁、板、柱等分别计算体积。

②当单侧翼板长度为墙身厚度的 2.5 倍以上时按带翼板墙计算；当单侧翼板长度为墙身厚度的 2.5 倍以下时按出沿墙计算，其翼板及出沿部分并入墙身体积计算。

③翻车机房基础的扶壁并入与其连接的墙体体积内计算。

④底板、墙体等为防渗而设置的闭合块混凝土单独计算工程量。

(4)通航建筑物及挡泄水建筑物混凝土工程量计算应符合下列规定：

①闸首混凝土工程量计算：以闸首底板与边墩的施工缝为界划分边墩与底板，分别计算工程量；带输水廊道的实体边墩以廊道顶高程以上 1.5m 为界，带输水廊道的空箱边墩以廊道顶

板顶高程为界,分别计算工程量;闸首的门槛、检修平台、消力槛等并入底板计算,帷幕墙单独计算;边墩顶部的悬臂板、胸墙、挡浪墙、磨耗层、踏步梯等工程量单独计算。

②闸室混凝土工程量计算:分离式以底板与闸墙竖向分缝处为界,整体式以底板与闸墙连接处底板顶高程为界划分闸墙与底板;墙体顶部的靠系船设施、廊道以及墙体上的阶梯可并入墙体计算。

③平底板工程量应包括齿槛体积;空箱底板应包括隔墙、分流墩、消力梁及面板,孔洞体积应扣除;反拱底板的拱部结构应按反拱底板计算,拱上结构应按梁计算。

④闸墙和系船墩上的系船环、系船钩等孔洞体积不应扣除。

⑤边墩、闸墙与其他混凝土构件交接时除另有说明外,其他混凝土构件均应计算至边墩和闸墙外表面。

⑥消力槛、消力齿、消力墩、消力梁、消力格栅等工程量,应分别计算;消力池如直接设置在底板上可并入底板计算工程量。

⑦升船机基础工程量应按轨道梁、连系梁、滑轮井、绳槽、车挡、托辊墩等分别计算。

⑧泄水闸底板、闸墩、溢流坝、溢流面、厂房等工程量应分别计算。

(5)其他现浇混凝土工程量计算应满足下列要求:

①胸墙、导梁及帽梁的工程量,不扣除沉降缝、锚杆、预埋件、桩头嵌入部分的体积。

②挡土墙、防浪(汛)墙的工程量,不扣除各种分缝体积。

③堆场地坪、道路面层,按不同厚度分别计算,不扣除各种分缝体积。

(6)水上现浇混凝土工程量计算应符合下列规定:

①水上现浇混凝土构件工程量应区分不同形状按设计图纸以体积计算。

②水上现浇混凝土桩帽、帽梁、导梁工程量,不应扣除桩头嵌入部分的体积。

③水上现浇混凝土桩基式墩台、墩帽、台身、支座工程量,不应扣除桩头嵌入墩帽的体积。

④水上现浇混凝土码头面层、磨耗层工程量不应扣除分缝体积。

⑤水上现浇预制构件接缝、节点、堵孔工程量,应按不同接缝种类以体积计算。

(7)混凝土及钢筋混凝土预制构件的预制和安装工程量应分别按设计图纸分别以体积和件计算。预制混凝土空心方桩、大管桩和PHC桩的工程量,应扣除中空体积。

五、钢筋工程

(1)现浇、预制构件的钢筋工程量应按设计图纸以重量计算。

(2)混凝土预制构件钢筋工程量应按预应力和非预应力分别计算。

(3)设计图纸未标示的搭接钢筋、架立钢筋、空心方桩胶囊定位钢筋、灌注桩、地下连续墙悬吊钢筋及其他加固钢筋等的工程量可在工程单价中考虑。

六、其他工程

(1)土工织物、尼龙编织布及竹笆、荆笆的铺设工程量,应按设计图纸以覆盖面积计算;材料搭接工程量可在工程单价中考虑。

(2)拆除混凝土、钢筋混凝土、土石堤、围埝、砌体等工程量,应按体积计算。

（3）清理障碍物工程量,应按设计图示或实际测量结果按相应计量单位计算。

（4）打拔钢板桩工程量应按不同桩长以根或重量计算。

第二节　工程费用支付

一、关于进度款支付的规定

1)《中华人民共和国标准施工招标文件》(2007 年版)通用合同条款第 17.3.3 和第 17.3.4 项,关于工程进度付款证书和支付时间明确规定如下:

（1）监理人在收到承包人进度付款申请单以及相应的支持性证明文件后的 14 天内完成核查,提出发包人到期应支付给承包人的金额以及相应的支持性材料,经发包人审查同意后,由监理人向承包人出具经发包人签认的进度付款证书。监理人有权扣发承包人未能按照合同要求履行任何工作或义务的相应金额。

（2）发包人应在监理人收到进度付款申请单后的 28 天内,将进度应付款支付给承包人。发包人不按期支付的,按专用合同条款的约定支付逾期付款违约金。

（3）监理人出具进度付款证书,不应视为监理人已同意、批准或接受了承包人完成的该部分工作。

（4）进度付款涉及政府投资资金的,按照国库集中支付等国家相关规定和专用合同条款的约定办理。

（5）在对以往历次已签发的进度付款证书进行汇总和复核中发现错、漏或重复的,监理人有权予以修正,承包人也有权提出修正申请。经双方复核同意的修正,应在本次进度付款中支付或扣除。

2)《水运工程标准施工招标文件》(JTS 110-8—2008)专用合同条款第 17.3 款规定:

（1）工程进度支付的方式和时间:按照月度工程计量的＿＿%(不少于 80%)支付;当工程款支付达到合同总价＿＿%(不少于 80%)时,停止支付;待工程全部竣工验收合格后支付至全部工程结算值的 95%;尾款 5% 待工程缺陷责任期满 60 天内付清,尾款不计利息。

（2）若发包人在合同约定的支付限期满 14 天后未予支付,承包人可向发包人发出催付款的通知,发包人在收到承包人通知后仍不能按要求支付,承包人可在发出催付款通知 14 天后暂停施工,发包人承担延期支付的利息和违约责任以及停工损失。

二、竣工结算支付

《中华人民共和国标准施工招标文件》(2007 年版)通用合同条款第 17.5 款关于竣工结算支付规定如下:

1.竣工付款申请单

（1）工程接收证书颁发后,承包人应按专用合同条款约定的份数和期限向监理人提交竣工付款申请单,并提供相关证明材料。除专用合同条款另有约定外,竣工付款申请单应包括下列内容:竣工结算合同总价、发包人已支付承包人的工程价款、应扣留的质量保证金、应支付的竣工付款金额。

(2)监理人对竣工付款申请单有异议的,有权要求承包人进行修正和提供补充资料。经监理人和承包人协商后,由承包人向监理人提交修正后的竣工付款申请单。

2. 竣工付款证书及支付时间

(1)监理人在收到承包人提交的竣工付款申请单后的 14 天内完成核查,提出发包人到期应支付给承包人的价款送发包人审核并抄送承包人。发包人应在收到后 14 天内审核完毕,由监理人向承包人出具经发包人签认的竣工付款证书。监理人未在约定时间内核查,又未提出具体意见的,视为承包人提交的竣工付款申请单已经监理人核查同意;发包人未在约定时间内审核又未提出具体意见的,监理人提出发包人到期应支付给承包人的价款视为已经发包人同意。

(2)发包人应在监理人出具竣工付款证书后的 14 天内,将应支付款支付给承包人。发包人不按期支付的,按合同条款的约定,将逾期付款违约金支付给承包人。

(3)承包人对发包人签认的竣工付款证书有异议的,发包人可出具竣工付款申请单中承包人已同意部分的临时付款证书。存在争议的部分,按合同条款中有关争议事项解决条款的约定办理。

(4)竣工付款涉及政府投资资金的,按相关合同条款的约定办理。

三、最终结清支付

《中华人民共和国标准施工招标文件》(2007 年版)通用合同条款第 17.6 款关于最终结清支付规定如下:

1. 最终结清申请单

(1)缺陷责任期终止证书签发后,承包人可按专用合同条款约定的份数和期限向监理人提交最终结清申请单,并提供相关证明材料。

(2)发包人对最终结清申请单内容有异议的,有权要求承包人进行修正和提供补充资料,由承包人向监理人提交修正后的最终结清申请单。

2. 最终结清证书和支付时间

(1)监理人收到承包人提交的最终结清申请单后的 14 天内,提出发包人应支付给承包人的价款送发包人审核并抄送承包人。发包人应在收到后 14 天内审核完毕,由监理人向承包人出具经发包人签认的最终结清证书。监理人未在约定时间内核查,又未提出具体意见的,视为承包人提交的最终结清申请已经监理人核查同意;发包人未在约定时间内审核又未提出具体意见的,监理人提出应支付给承包人的价款视为已经发包人同意。

(2)发包人应在监理人出具最终结清证书后的 14 天内,将应支付款支付给承包人。发包人不按期支付的,按相关合同条款的约定,将逾期付款违约金支付给承包人。

(3)承包人对发包人签认的最终结清证书有异议的,按合同条款中有关争议事项解决条款的约定办理。

(4)最终结清付款涉及政府投资资金的,按相关合同条款的约定办理。

四、一般项目支付

1. 暂列金额支付

暂列金额只能按照监理人的指示和决定动用,是由监理人直接控制的,因此,未经监理人的批准,承包人对暂列金额项目进行的任何工作均不予支付。

动用暂列金额时,监理人应审批承包人提交的相应工程的施工组织计划及其所需的人工费、材料费、机械台班费、设备费及相应的计算说明,并与发包人就暂列金额的支付进行协商。如果该款项全部或部分未经动用,则应从合同价格中减去未动用的暂列金额。

2. 其他项目支付

《水运工程工程量清单计价规范》(JTS/T 271—2020)的一般项目清单中,列入了暂列金额、规费、保险费、安全文明施工费、施工环保费等 16 个项目,计量单位均以"项"计算。在一般项目中暂列金额的大小是由招标人确定,其中规费、税金和安全文明施工费等必须按国家有关部门的规定计算,在投标时属于不可竞争费用。

五、计日工项目支付

计日工也是工程量清单中标明的支付项目,根据合同文件规定,监理人可指令承包人按计日工完成特殊的、较小的变更工程或附加工程。因此,计日工具有暂列金额性质。

凡以计日工的形式进行的工程,必须有监理人的指令。未经监理人批准,承包人不得以计日工的形式进行任何工作,当然,发包人也不会支付任何款项。

六、水运工程清单外项目支付

(一)预付款支付

1. 预付款额度

《中华人民共和国标准施工招标文件》(2007 年版)规定,预付款的额度(占合同总价的比例)在招标文件或承包合同中有明确约定,一般规定的范围是合同价的 10% ~ 20% ,最多不超过合同价的 20% 。《水运工程标准施工招标文件》(JTS 110-8—2008)则规定:施工合同签订生效 28 天内,或计划开工日期前,发包人向承包人支付不少于合同总价 10% 的工程预付款。

2. 动员预付款支付依据

根据通用合同条款规定,在承包人完成下述工作后的 14 天内,监理人应按投标书附件中规定的额度向发包人提交动员预付款证书,其副本交承包人保存。承包人应完成的工作内容:

(1)签订合同协议书;

(2)提交履约银行保函;

(3)提交预付款保函。

发包人在收到监理人开具的动员预付款证书后 14 天内核批,并采用进度款支付的形式支付给承包人,支付的货币种类按投标书附件的规定办理。

承包人在提交履约保函的同时,还应向发包人提交由国内银行,或外国银行通过其驻中国的银行,或承包人指定的、为发包人所接受的外国银行出具的不得撤销的、无条件的银行保函。银行保函的正本由发包人保存,该保函在发包人将预付款全部扣回之前一直有效,但其担保的金额将随着预付款的逐次扣回而减少,执行上述要求所需费用由承包人承担。

3. 预付款的扣回

《中华人民共和国标准施工招标文件》(2007 年版)通用合同条款第 17.2.3 项规定:"预付款在进度付款中扣回,扣回办法在专用合同条款中约定。在颁发工程接收证书前,由于不可抗力或其他原因解除合同时,预付款尚未扣清的,尚未扣清的预付款余额应作为承包人的到期应付款。"预付款以逐次从进度款支付中扣除的方式通常有以下两种:

(1)第一种方法是按时间等额扣回,即规定在一定的时间内全部予以扣回。其扣回的时间开始于进度款支付证书中工程量清单项目累计支付金额超过合同总价20%的当月,止于合同规定竣工日期前 3 个月的当月。在这段时间内,从每月进度款支付证书中等额扣回。扣回的货币种类和比例与付款的货币种类和比例相一致。

其计算公式为:

$$G = \frac{F}{E - (D - 1) - 3} \tag{10-1}$$

式中:G——每月扣除动员预付款数额;

F——已付预付款总额;

E——合同工期(月);

D——进度款支付证书中工程量清单项目累计支付额达到合同总价20%的时间(月)。

【例 10-1】 某建设工程项目合同价为 30000 万元,合同工期为 36 个月,动员预付款在标书附录中规定的额度为合同价的20%,到第 4 个月时累计支付工程款金额为 6200 万元,试计算扣回动员预付款的金额。

【解】 已知 $D = 4, E = 36, F = 30000 \times 20\% = 6000$(万元)。

则

$$G = \frac{F}{E - (D - 1) - 3} = \frac{6000}{36 - (4 - 1) - 3} = 200(万元 / 月)$$

答:前 3 个月不扣,从第 4 个月开始每月扣回动员预付款为 200 万元,30 个月内扣完。

(2)第二种方法是按当月支付金额的比例扣回,即在一定的工程支付金额范围内予以扣回。扣回的时间同样开始于进度款支付证书中工程量清单项目累计支付金额超过合同总价的20%的当月,但止于支付金额累计达合同总价80%的当月。在此期间,按进度款支付证书当期完成的工程款占合同总价60%的比例予以扣回。扣回的货币种类和比例与付款时的货币种类和比例相一致。

计算公式为:

$$G = M \times B/(合同价 \times 60\%) \tag{10-2}$$

式中:G——在进度款支付证书中应该扣回预付款的数额;

M——进度款支付证书当期完成的工程量清单项目金额;

B——已付预付款金额。

第一种方法,每月的扣回额度是不变的,与每期应支付的工程款多少没有关系,因而简单易掌握;但是,当工程进度缓慢或因其他原因工程款支付不多的情况下,会出现扣回额大于或接近工程款支付额,而使进度款支付证书出现负值或接近于零。第二种方法是按支付金额的比例予以扣回,即规定在一定的工程支付金额范围内予以扣回。这种方法与每期应支付的工程款有直接关系,每次扣回金额随每次的工程支付额不同而改变,每次都需要计算,比较麻烦;但是,相对于按月等值扣除的方法要合理些;也就是说,工程项目完成额多则多扣,完成额少则少扣。

(二)质量保证金支付

质量保证金是发包人持有的一种保证,即为了确保在工程建设中和竣工移交后一段时间内承包人仍然能够完全履行合同义务(修补工程缺陷的义务),使永久工程能正常运用,监理人根据合同文件的规定,从支付给承包人的款项中替发包人暂时扣留的一种款项。《中华人民共和国标准施工招标文件》(2007年版)通用合同条款第1.1.5.7目规定:"质量保证金(或称保留金)是指按第17.4.1项约定用于保证在缺陷责任期内履行缺陷修复义务的金额。"

1. 质量保证金的扣留

(1)根据合同文件的规定,扣除质量保证金的总额为合同总价的5%。

(2)从第一次工程量清单项目支付开始,发包人每次从付给承包人的款额中,按其中永久性工程付款金额的10%扣留,直到累计扣留总额达合同总价的5%为止。所谓永久性工程,通常可以理解为工程量清单中所有分项工程的总和。

(3)如果合同有规定:承包人在提交第一次付款申请,或者在此之前提交一份由发包人认可的银行保函,其担保金额为合同总价的5%时,可不扣质量保证金。则监理人就不再替发包人从《进度款支付证书》中扣留质量保证金。

(4)《中华人民共和国标准施工招标文件》(2007年版)通用合同条款第17.4.1项规定:"监理人应从第一个付款周期开始,在发包人的进度付款中,按专用合同条款的约定扣留质量保证金,直至扣留的质量保证金总额达到专用合同条款约定的金额或比例为止。质量保证金的计算额度不包括预付款的支付、扣回以及价格调整的金额。"

2. 质量保证金的退还

如果承包人按期完成全部工程并通过验收,发包人可以分两次将质量保证金退还给承包人。第一次:当颁发整个工程的交接证书时,监理人应开具退还一半质量保证金的证明书,在退还的质量保证金中应当扣除已经使用的质量保证金金额,发包人根据监理人开具的支付证书,向承包人退还质量保证金。第二次:当合同工程项目的缺陷责任期满时,另一半质量保证金将由监理人开具证书退还给承包人,同时扣除已使用的质量保证金金额。

《中华人民共和国标准施工招标文件》(2007年版)通用合同条款第17.4.2项规定:"在第1.1.4.5目约定的缺陷责任期满时,承包人向发包人申请到期应返还承包人剩余的质量保证金金额,发包人应在14天内会同承包人按照合同约定的内容核实承包人是否完成缺陷责任。如无异议,发包人应当在核实后将剩余保证金返还承包人。"

《中华人民共和国标准施工招标文件》(2007年版)通用合同条款第17.4.3项规定:"在第1.1.4.5目约定的缺陷责任期满时,承包人没有完成缺陷责任的,发包人有权扣留与未履行责任剩余工作所需金额相应的质量保证金余额,并有权根据第19.3款约定要求延长缺陷责任

127

期,直至完成剩余工作为止。"该条款中所指的第 19.3 款规定:"由于承包人原因造成某项缺陷或损坏使某项工程或工程设备不能按原定目标使用而需要再次检查、检验和修复的,发包人有权要求承包人相应延长缺陷责任期,但缺陷责任期最长不超过 2 年。"

3. 缺陷责任期

缺陷责任期自实际竣工日期起计算,在全部工程竣工验收前,经发包人提前验收的单位工程,其缺陷责任期的起算日期相应提前。《水运工程标准施工招标文件》(JTS 110-8—2018)的专用合同条款 19.1 款规定:疏浚工程不设缺陷责任期;水工工程缺陷责任期为一年;其他工程由发包人设定。

4. 缺陷责任

《中华人民共和国标准施工招标文件》(2007 年版)通用合同条款第 19.2 款规定:

(1)承包人应在缺陷责任期内对已交付使用的工程承担缺陷责任;

(2)在缺陷责任期内,发包人对已接收使用的工程负责日常维护工作,在使用过程中发现已接收的工程存在新的缺陷或已修复的缺陷部位或部件又遭损坏的,承包人应负责修复,直至检验合格为止。

(3)监理人和承包人应共同查清缺陷和(或)损坏的原因,经查明属承包人原因造成的,应由承包人承担修复和查验的费用。经查验属发包人原因造成的,发包人应承担修复和查验的费用,并支付承包人合理利润。

(4)承包人不能在合理时间内修复缺陷的,发包人可自行修复或委托其他人修复,属承包人原因造成的,应由承包人承担修复和查验的费用,属发包人原因造成的,发包人应承担修复和查验的费用,包括合理的利润。

(三)逾期竣工违约金支付

由于承包人原因,未能按合同进度计划完成工作,或监理人认为承包人施工进度不能满足合同工期要求的,承包人应采取措施加快进度,并承担加快进度所增加的费用。由于承包人原因造成工期延误,承包人应支付。逾期竣工违约金的计算方法在专用合同条款中约定。承包人支付逾期竣工违约金,不免除承包人完成工程及修补缺陷的义务。

逾期竣工违约金是承包人延误合同工期,造成发包人造成损失而给予的一种赔偿,不是罚款。

1. 开、竣工日期

《中华人民共和国标准施工招标文件》(2007 年版)通用合同条款第 11.1 和 11.2 款规定,监理人应在开工日期 7 天前向承包人发出开工通知,监理人在发出开工通知前应获得发包人同意,工期自监理人发出的开工通知中载明的开工日期起计算。承包人应在承包合同约定的期限内完成合同工程,实际竣工日期在接收证书中写明。

承包人完成合同工程或某区段或某单项工程的实际施工工期,开始于监理人发出的开工通知中载明的开工日期,终止于交接证书写明的竣工日期,按天计算。即:

$$实际施工工期(天) = 合同工期 + 批准的延长工期 \pm 竣工逾期工期 \tag{10-3}$$

$$逾期竣工时间(天) = 实际施工工期 - 合同工期 - 批准的延长工期 \tag{10-4}$$

如果在合同工程竣工之前,已对合同工程内的某区段或单项工程签发了交接证书,且上述交接证书中写明的竣工日期并未延误,而是合同工程中的其他部分产生了工期延误,则合同工程的逾期竣工违约金应予减少,减少的幅度按已签发交接证书的某区段或某单项工程的价值占合同工程价值的比例计算。但这一规定,不应该影响逾期竣工违约金的限额。

2.逾期竣工违约金的限额

《水运工程标准施工招标文件》(JTS 110-8—2008)在专用合同条款第11.5.1项规定:"由于承包人原因造成工期延误,承包人应向发包人支付逾期竣工违约金。逾期竣工违约金的计算方法为:工期延误天数 × P_1,其中 P_1:_____。逾期竣工违约金累计最高不得超过合同总价的5%。" P_1 数值的大小必须在专用合同条款中约定。

3.逾期竣工违约金的支付

逾期竣工违约金应从承包人履约保证金或进度款支付证书或最终支付证书中扣除,但要注意,此项扣除不应解除承包人对完成该项工程的义务或合同规定的其他义务和责任。

(四)逾期付款违约金支付

1.关于逾期付款违约金的有关规定

如果发包人在合同规定的时间内没有向承包人付款,则发包人在以后除了按款额付款外,还应向承包人支付逾期付款违约金;逾期付款违约金常常按迟付款利息的方式计算,按合同文件规定的利率,从规定的付款截止日期起至恢复付款日止,按照日复利率计算利息。

显而易见,逾期付款违约金对于发包人来说是一种约束,监理人应督促发包人按合同有关规定,及时付款给承包人。《中华人民共和国标准施工招标文件》(2007年版)通用合同条款第17.3.3款规定,发包人应在监理人收到进度付款申请单后的28天内,将进度应付款支付给承包人。发包人不按期支付的,按专用合同条款的约定支付逾期付款违约金。

2.计算公式

逾期付款违约金可按下式计算:

$$FKWYJ = P[(1+r)^n - 1] \tag{10-5}$$

式中:$FKWYJ$——逾期付款违约金;

P——逾期付款的金额;

r——日复利率;

n——逾期付款天数。

关于日复利率 r,世界银行推荐值为0.033%~0.04%,具体多少应以合同文件的规定为准。逾期付款违约天数是指发包人的实际付款时间超过规定进度款支付或最终支付的截止日期的天数。

3.计算示例

【例10-2】 某工程项目第8期进度款支付证书,支付净额为5650000元,监理人于3月28日收到承包人的进度付款申请,监理人于4月7日发出支付证书,而发包人直到6月5日才支付该证书的付款,按照《中华人民共和国标准施工招标文件》(2007年版)通用合同条款第17.3款规定,如果 $r=0.033\%$,那么这笔逾期付款违约金为多少?

【解】 (1)逾期付款天数计算:6月份4天,5月份31天,4月份30天,3月份3天。

$n = (3 + 30 + 31 + 4) - 28 = 40(天)$，$P = 5650000$ 元。

(2)逾期付款违约金计算：$FKWYJ = P \times [(1 + r)^n - 1] = 5650000 \times [(1 + 0.033\%)^{40} - 1] = 75060(元)$

答：应当支付逾期付款违约金 75060 元。

(五)合同中止后的支付

在工程施工中,意外情况十分严重时将会导致合同中止的局面。合同中止往往是由不可抗力、承包人违约、发包人违约三个方面的原因引起的。

1.不可抗力导致合同中止的支付

不可抗力(特殊风险)是指承包人和发包人在订立合同时不可预见,在工程施工过程中不可避免发生并不能克服的自然灾害和社会性突发事件,如地震、海啸、瘟疫、水灾、骚乱、暴动、战争和专用合同条款约定的其他情形。

《中华人民共和国标准施工招标文件》(2007 年版)通用合同条款第 21.1.2 项规定:"不可抗力发生后,发包人和承包人应及时认真统计所造成的损失,收集不可抗力造成损失的证据。合同双方对是否属于不可抗力或其损失的意见不一致的,由监理人按第 3.5 款商定或确定。发生争议时,按第 24 条的约定办理。"

除专用合同条款另有约定外,不可抗力导致的人员伤亡、财产损失、费用增加和(或)工期延误等后果,由合同双方按以下原则承担:

(1)永久工程,包括已运至施工场地的材料和设备的损害,以及因工程损害造成的第三者人员伤亡和财产损失由发包人承担。

(2)承包人设备的损坏由承包人承担。

(3)发包人和承包人各自承担其人员伤亡和其他财产损失及其相关费用。

(4)承包人的停工损失由承包人承担,但停工期间应监理人要求照管工程和清理、修复工程的金额由发包人承担。

(5)不能按期竣工的,应合理延长工期,承包人不需支付逾期竣工违约金。发包人要求赶工的,承包人应采取赶工措施,赶工费用由发包人承担。

(6)不可抗力发生后,发包人和承包人均应采取措施尽量避免和减少损失的扩大,任何一方没有采取有效措施导致损失扩大的,应对扩大的损失承担责任。

《中华人民共和国标准施工招标文件》(2007 年版)通用合同条款第 21.3.4 项规定:"合同一方当事人因不可抗力不能履行合同的,应当及时通知对方解除合同。合同解除后,承包人应按照第 22.2.5 项约定撤离施工场地。已经订货的材料、设备由订货方负责退货或解除订货合同,不能退还的货款和因退货、解除订货合同发生的费用,由发包人承担,因未及时退货造成的损失由责任方承担。"合同解除后,发包人应在解除合同后 28 天内向承包人支付下列金额,承包人应在此期限内及时向发包人提交要求支付下列金额的有关资料和凭证:

(1)合同解除日以前所完成工作的价款。

(2)承包人为该工程施工订购并已付款的材料、工程设备和其他物品的金额。发包人付还后,该材料、工程设备和其他物品归发包人所有。

(3)承包人为完成工程所发生的,而发包人未支付的金额。

(4)承包人撤离施工场地以及遣散承包人人员的金额。

(5)由于解除合同应赔偿的承包人损失。

(6)按合同约定在合同解除日前应支付给承包人的其他金额。

发包人应按上述约定支付上述金额并退还质量保证金和履约担保,但有权要求承包人支付应偿还给发包人的各项金额。

2.承包人违约导致合同中止的支付

《中华人民共和国标准施工招标文件》(2007年版)通用合同条款第22.1.1项规定,在履行合同过程中发生下列情况属承包人违约:

(1)承包人违反第1.8款或第4.3款的约定,私自将合同的全部或部分权利转让给其他人,或私自将合同的全部或部分义务转移给其他人;

(2)承包人违反第5.3款或第6.4款的约定,未经监理人批准,私自将已按合同约定进入施工场地的施工设备、临时设施或材料撤离施工场地;

(3)承包人违反第5.4款的约定使用了不合格材料或工程设备,工程质量达不到标准要求,又拒绝清除不合格工程;

(4)承包人未能按合同进度计划及时完成合同约定的工作,已造成或预期造成工期延误;

(5)承包人在缺陷责任期内,未能对工程接收证书所列的缺陷清单的内容或缺陷责任期内发生的缺陷进行修复,而又拒绝按监理人指示再进行修补;

(6)承包人无法继续履行或明确表示不履行或实质上已停止履行合同;

(7)承包人不按合同约定履行义务的其他情况。

承包人无法继续履行或明确表示不履行或实质上已停止履行合同的情形属严重违约,发包人可通知承包人立即解除合同;对承包人发生的其他违约情况,监理人可向承包人发出整改通知,要求其在指定的期限内改正。监理人发出整改通知28天后,承包人仍不纠正违约行为的,发包人可向承包人发出解除合同通知。合同解除后,发包人可派员进驻施工场地,另行组织人员或委托其他承包人施工。发包人因继续完成该工程的需要,有权扣留使用承包人在现场的材料、设备和临时设施。但发包人的这一行动不免除承包人应承担的违约责任,也不影响发包人根据合同约定享有的索赔权利。

《中华人民共和国标准施工招标文件》(2007年版)通用合同条款第22.1.4、22.1.5项规定,因承包人违约合同解除后的估价、付款、结清和协议利益,按照以下原则处理:

(1)合同解除后,监理人按第3.5款商定或确定承包人实际完成工作的价值,以及承包人已提供的材料、施工设备、工程设备和临时工程等的价值。

(2)合同解除后,发包人应暂停对承包人的一切付款,查清各项付款和已扣款金额,包括承包人应支付的违约金。

(3)合同解除后,发包人应按第23.4款的约定向承包人索赔由于解除合同给发包人造成的损失。

(4)合同双方确认上述往来款项后,出具最终结清付款证书,结清全部合同款项。

(5)发包人和承包人未能就解除合同后的结清达成一致而形成争议的,按第24条的约定办理。

(6)因承包人违约解除合同的,发包人有权要求承包人将其为实施合同而签订的材料和设备的订货协议或任何服务协议利益转让给发包人,并在解除合同后的 14 天内,依法办理转让手续。

由此可见,承包人违约导致合同中止的支付与特殊风险导致合同中止的情况不同,承包人违约导致合同中止的付款规定对承包人带有惩罚性。

3. 发包人违约导致合同中止的支付

《中华人民共和国标准施工招标文件》(2007 年版)通用合同条款第 22.2.1 项规定,在履行合同过程中发生下列情形的,属发包人违约:

(1)发包人未能按合同约定支付预付款或合同价款,或拖延、拒绝批准付款申请和支付凭证,导致付款延误的;

(2)发包人原因造成停工的;

(3)监理人无正当理由没有在约定期限内发出复工指示,导致承包人无法复工的;

(4)发包人无法继续履行或明确表示不履行或实质上已停止履行合同的;

(5)发包人不履行合同约定其他义务的。

发包人发生上述除第(4)目以外的违约情况时,承包人可向发包人发出通知,要求发包人采取有效措施纠正违约行为。发包人收到承包人通知后的 28 天内仍不履行合同义务,承包人有权暂停施工,并通知监理人,发包人应承担由此增加的费用和(或)工期延误,并支付承包人合理利润。

当下列情况之一时,承包人可以提出由于发包人违约解除合同的要求:

(1)发包人无法继续履行或明确表示不履行或实质上已停止履行合同时,承包人可书面通知发包人解除合同。

(2)由于发包人发生违约情况时,承包人向发包人发出要求纠正违约行为通知,并且采取了暂停施工的进一步措施。承包人按合同规定暂停施工 28 天后,发包人仍不纠正违约行为的,承包人可向发包人发出解除合同通知。但承包人的这一行动不免除发包人承担的违约责任,也不影响承包人根据合同约定享有的索赔权利。

《中华人民共和国标准施工招标文件》(2007 年版)通用合同条款第 22.2.4 项规定,因发包人违约解除合同的,发包人应在解除合同后 28 天内向承包人支付下列金额,承包人应在此期限内及时向发包人提交要求支付下列金额的有关资料和凭证:

(1)合同解除日以前所完成工作的价款;

(2)承包人为该工程施工订购并已付款的材料、工程设备和其他物品的金额。发包人付还后,该材料、工程设备和其他物品归发包人所有;

(3)承包人为完成工程所发生的,而发包人未支付的金额;

(4)承包人撤离施工场地以及遣散承包人人员的金额;

(5)由于解除合同应赔偿的承包人损失;

(6)按合同约定在合同解除日前应支付给承包人的其他金额。

发包人应按上述约定支付上述金额并退还质量保证金和履约担保,但有权要求承包人支付应偿还给发包人的各项金额。

《中华人民共和国标准施工招标文件》(2007 年版)通用合同条款第 22.2.5 项规定,因发包人违约而解除合同后,承包人应妥善做好已竣工工程和已购材料、设备的保护和移交工作,按发包人要求将承包人设备和人员撤出施工场地。承包人撤出施工场地应遵守第18.7.1项的约定,发包人应为承包人撤出提供必要条件。

(六) 工程停工后的支付

对于水运工程建设项目,在其施工过程中,由于诸多影响因素,承包人的管理水平参差不齐,所以在施工活动的组织和安排上,难免会出现各种停工现象,使工程无法按进度计划正常进行。毫无疑问,一旦发生停工,将会对工程的投资效益产生严重影响。因此,发包人会高度重视对这类现象的控制,同样,工程停工也将给承包人造成损失。

由于工程停工的现象和种类较多,不可能在此一一全面阐述,因此,下面只简单介绍合同执行过程中需要监理人处理的各种停工的支付问题。

首先,应当明确,无论是什么原因导致停工,都将对工程的竣工和交付使用产生不利影响,从而使发包人的利益受到损害,例如,现场管理费用和监理费用增加,资金占用时间延长,项目效益推迟产生等。在现金流量图上将表现为建设期加长,成本升高,效益减少,从而使投资回收期延长,投资收益率下降。尽管出现这种情况发包人可以要求承包人进行适当赔偿,例如要求承包人支付拖期违约损失偿金,但也只能在很小的程度上减少所造成的损失,而对发包人遭受的各种潜在损失是无法补偿的。

其次,一旦停工,承包人也会受到损失。例如,承包人的人员将窝工、设备将闲置、管理费用将增加等。即使发包人给予一定的补偿,也只是一部分成本,而无法获得利润。

总之,无论从哪方面来说,工程停工都是不利的,会直接导致工期延长和费用增加。但相比之下,发包人将受到更大的损害。

1. 发包人导致的停工及费用支付

由发包人造成的停工情况归纳、并且列入表10-1。表10-1所示都是指合同中应由发包人支付的情况。表中所指成本分为两类:一类由于发生了各种事件,监理人要求承包人进行有关工作,这些工作的成本包括直接费和管理费。另一类是由于出现这些情况,承包人的工作停止进行,此时只支付人员窝工的工时费和机械设备的闲置费。总之,由于发包人方面的原因而造成的停工,应根据合同中相应的规定和条款,对承包人给予补偿。这种补偿的具体计算应视现场情况及随后采取措施的内容和设备的闲置情况来定,并且一般只支付成本。

停工原因及支付处理汇总表   表 10-1

序号	停工原因	支付处理
1	合同文件内容出错	只付费用,不付利润
2	图纸延迟发出	只付费用(成本)
3	有关放线资料不准确	针对资料出错的补救工程,付成本加利润;若因此停工,只付成本
4	发包人风险造成的破坏	只付成本,不付利润
5	化石、矿石、文物等	根据现场情况,采用不同措施,通常情况下只付成本
6	由于其他承包人的原因	视承包人被要求的工作情况付款,为其他承包人提供服务,付成本加利润;由于其他承包人的原因停工,只付成本
7	样品与试验	监理人下令的附加试验,只付成本,无利润

序号	停 工 原 因	支 付 处 理
8	工程的揭露	合格:付成本加利润;不合格:不付费用
9	工程暂停	工程中所产生的费用,不付利润
10	工地占用	只付费用,不付利润
11	后续法规	只付费用
12	延期付款	付延期部分利息及停工费用

2. 承包人导致的停工及费用支付

由于承包人自己的工作失误或所承担的风险而导致工程停工,其所有费用必须由承包人自己承担。只是往往由于工程情况比较复杂,承包人总是设法将自己应承担的费用说成是由于发包人的原因,从而要求费用赔偿。因此,监理人必须掌握现场情况,对一些问题当机立断,明确其责任在谁。

《中华人民共和国标准施工招标文件》(2007年版)通用合同条款第12.1款规定,因下列因素引起的暂停施工,造成的费用增加和(或)工期延误由承包人承担:

(1)承包人违约引起的暂停施工;

(2)由于承包人原因为工程合理施工和安全保障所必需的暂停施工;

(3)承包人擅自暂停施工;

(4)承包人其他原因引起的暂停施工;

(5)专用合同条款约定由承包人承担的其他暂停施工。

同时,一旦明确属于承包人责任,承包人除了自己负担有关损失外,如果停工影响到工程的竣工或影响到其他承包人的工作,则对于影响竣工的情况,应向发包人支付拖期违约损失偿金,如果严重影响工作,他还可能被发包人驱逐;还应向被其影响的其他承包人支付相应的款项,只是这种支付也是通过发包人进行,一般通过从负有责任的承包人付款中扣减的方式来实现。

3. 异常恶劣的气候条件

根据《水运工程标准施工招标文件》(JTS 110-8—2008)规定,异常恶劣的气候条件是指水运工程水域施工作业难以正常进行或须采取其他补救措施才能进行的气候条件。一般包括以下情况:

(1)持续高温:连续三日日最高气温38℃以上;

(2)持续低温:连续三日日最低气温-20℃以下;

(3)大风天气:施工水域日风力在6级以上且持续时间不少于4小时,或阵风大于8级;

(4)暴雨天气:日降雨量50mm及以上,或降雨强度大于20mm/h;

(5)暴雪天气:日降雪量10mm及以上;

(6)流速或波浪:内河3.5m/s及以上流速,海上2m及以上的大浪和强浪;

(7)水淹:施工场地大部或全部被潮水、洪水或雨水淹没超过1天;

(8)大雾:定点施工船舶能见度小于50m的雾天超过1天;运动船舶按有关规定。

如果承包人因上述所指的异常恶劣气候而停工,则一方面发包人不但不能要求承包人赔偿,而且还应给予工程延期,另一方面承包人也不能向发包人提出停工的费用补偿要求。

第三节　水运工程变更支付

一、变更的范围和内容

《中华人民共和国标准施工招标文件》(2007年版)通用合同条款第15.1款指出,除专用合同条款另有约定外,在履行合同中发生以下情形之一,应按照本条规定进行变更。

(1)取消合同中任何一项工作,但被取消的工作不能转由发包人或其他人实施;

(2)改变合同中任何一项工作的质量或其他特性;

(3)改变合同工程的基线、高程、位置或尺寸;

(4)改变合同中任何一项工作的施工时间或改变已批准的施工工艺或顺序;

(5)为完成工程需要追加的额外工作。

二、变更权和变更程序

《中华人民共和国标准施工招标文件》(2007年版)通用合同条款第15.2款指出,在履行合同过程中,经发包人同意,监理人可按第15.3款约定的变更程序向承包人作出变更指示,承包人应遵照执行。没有监理人的变更指示,承包人不得擅自变更。

《中华人民共和国标准施工招标文件》(2007年版)通用合同条款第15.3.1项对变更的提出程序明确规定如下:

(1)在合同履行过程中,可能发生第15.1款约定情形的,监理人可向承包人发出变更意向书。变更意向书应说明变更的具体内容和发包人对变更的时间要求,并附必要的图纸和相关资料。变更意向书应要求承包人提交包括拟实施变更工作的计划、措施和竣工时间等内容的实施方案。发包人同意承包人根据变更意向书要求提交的变更实施方案的,由监理人按第15.3.3项约定发出变更指示。

(2)在合同履行过程中,发生第15.1款约定情形的,监理人应按照第15.3.3项约定向承包人发出变更指示。

(3)承包人收到监理人按合同约定发出的图纸和文件,经检查认为其中存在第15.1款约定情形的,可向监理人提出书面变更建议。变更建议应阐明要求变更的依据,并附必要的图纸和说明。监理人收到承包人书面建议后,应与发包人共同研究,确认存在变更的,应在收到承包人书面建议后的14天内作出变更指示。经研究后不同意作为变更的,应由监理人书面答复承包人。

(4)若承包人收到监理人的变更意向书后认为难以实施此项变更,应立即通知监理人,说明原因并附详细依据。监理人与承包人和发包人协商后确定撤销、改变或不改变原变更意向书。

135

三、变更估价

《中华人民共和国标准施工招标文件》(2007 年版)通用合同条款第 15.3.2 项对变更的估价程序明确规定如下:

(1)除专用合同条款对期限另有约定外,承包人应在收到变更指示或变更意向书后的 14 天内,向监理人提交变更报价书,报价内容应根据第 15.4 款约定的估价原则,详细开列变更工作的价格组成及其依据,并附必要的施工方法说明和有关图纸。

(2)变更工作影响工期的,承包人应提出调整工期的具体细节。监理人认为有必要时,可要求承包人提交要求提前或延长工期的施工进度计划及相应施工措施等详细资料。

(3)除专用合同条款对期限另有约定外,监理人收到承包人变更报价书后的 14 天内,根据第 15.4 款约定的估价原则,按照第 3.5 款商定或确定变更价格。

四、变更指示

《中华人民共和国标准施工招标文件》(2007 年版)通用合同条款第 15.3.3 项对变更指示规定如下:

(1)变更指示只能由监理人发出。

(2)变更指示应说明变更的目的、范围、变更内容以及变更的工程量及其进度和技术要求,并附有关图纸和文件。承包人收到变更指示后,应按变更指示进行变更工作。

五、变更的估价原则

《中华人民共和国标准施工招标文件》(2007 年版)通用合同条款第 15.4 款对变更的估价原则明确规定,除专用合同条款另有约定外,因变更引起的价格调整按照本款约定处理。

(1)已标价工程量清单中有适用于变更工作的子目的,采用该子目的单价。

(2)已标价工程量清单中无适用于变更工作的子目,但有类似子目的,可在合理范围内参照类似子目的单价,由监理人按第 3.5 款商定或确定变更工作的单价。

(3)已标价工程量清单中无适用或类似子目的单价,可按照成本加利润的原则,由监理人按第 3.5 款商定或确定变更工作的单价。

第四节　工程索赔

一、索赔的基本程序

在国际工程实践中,索赔工作通常按照以下步骤执行:承包人提出索赔意向通知—承包人对索赔事件进行分析—承包人提交索赔报告—监理人审查、分析、处理承包人的索赔要求。具体如下。

(一)承包人提出索赔意向通知

在索赔事件发生后,承包人会抓住索赔机会,迅速作出反应,在合同规定的时间内(28 天)向监理人和发包人递交索赔意向通知,声明将为此索赔事件提出索赔。该项通知是承包人就具体的索赔事件向监理人和发包人表示的索赔愿望和要求。如果超出这个期限,监理人和发包人有权拒绝承包人的索赔要求。

(二)承包人对索赔事件进行分析

一旦索赔事件发生,承包人应进行索赔处理工作,直到正式向监理人和发包人提交索赔报告。这一阶段要做许多具体的、复杂的工作,主要有:

(1)事态调查,找准索赔机会。通过对合同实施的跟踪、分析、诊断,发现了索赔机会,对它进行详细的调查和跟踪,以了解事件经过、前因后果,掌握事件详细情况。

(2)索赔事件原因分析。即分析这些干扰由谁引起,它的责任该由谁来负担。一般只有非承包人责任的干扰事件才有可能提出索赔。在实际工作中,干扰事件责任常常是多方面的,故必须进行责任分解,划分各人的责任范围,按责任大小,分担损失。这里特别容易引起合同双方争执。

(3)索赔根据分析、研究索赔理由。主要是指对合同条文的研究分析,必须按合同规定判明这些干扰事件是否违反合同,是否在合同规定的赔(补)偿范围之内。只有符合合同规定的索赔要求才有合法性,才能成立。

(4)损失调查,即为干扰事件的影响分析。它主要表现为工期的延长和费用的增加。如果干扰事件不造成损失,则无索赔可言。损失调查的重点是收集、分析、对比实际和计划的施工进度,工程成本和费用方面的资料,在此基础上计算索赔值。

(5)收集证据。索赔事件一发生,承包人应该抓紧证据的收集工作,并在干扰事件持续期间一直保持有完整的当时记录,这是索赔有效的前提条件。如果在索赔报告中提不出证明其索赔理由、干扰事件的影响、索赔值计算等方面的详细资料,索赔是不能成立的。在实际工程中,许多索赔要求因没有或缺少书面证据而得不到合理的解决。承包人应按监理人的要求做好并保持当时记录,并接受监理人的审查。

(6)起草索赔报告。索赔报告是上述各项工作的结果和总结,它是由合同管理人员在其他项目管理职能人员配合和协助下起草的;它表达了承包人的索赔要求和支持这个要求的详细依据;它将经由监理人、发包人,或调解人、仲裁人审查、分析、评价,所以它决定了承包人的索赔地位,是索赔要求能否获得有利和合理解决的关键。

(三)承包人提交索赔报告

承包人必须在合同规定的时间内向监理人和发包人提交索赔报告,或经监理人同意的合理时间内递交索赔报告。如果干扰事件持续时间长,则承包人应按监理人要求的合理时间间隔,提交中间索赔报告(或阶段索赔报告),并于干扰事件影响结束后的 28 天内提交最终索赔报告。

(四)监理人审查、分析、处理承包人的索赔要求

监理人在处理索赔问题中有以下权利:

(1)在承包人提出索赔意向通知后,监理人有权指令承包人作当时记录,并可以随时检查这些记录。

(2)监理人对承包人的索赔报告进行分析,通过分析索赔理由、索赔事件过程、索赔值计算,以评价索赔要求的合理性和合法性。如果认为理由不足,可以要求承包人作出解释,或进一步补充证据,或要求承包人修改索赔要求,除去不合理的索赔要求或索赔要求中的不合理部分。监理人作出索赔处理意见,并提交发包人。

(3)发包人在接到监理人的处理意见后,继续审查、批准承包人的索赔要求。此时常常需要承包人作出进一步的解释和补充证据,监理人也需就处理意见作出说明。三方就索赔的解决进行磋商,这里可能有复杂的谈判过程,经过多次讨价还价。对达成一致意见的,或经监理人和发包人认可的索赔要求(或部分要求),承包人有权在工程进度付款中获得支付。如果达不成协议,则监理人有最后决定的权力。如果有一方或双方都不满意监理人的处理意见(或决定),则产生了争议。为此,双方可以按照合同规定的程序解决争议。

(4)对合理的索赔要求,监理人有权将它纳入中期支付中,出具付款证书,发包人应在合同规定的期限内支付。

总之,从承包人递交索赔报告到最终获得赔偿的支付是索赔的解决过程。这个阶段工作的重点是,通过谈判,或调解,或仲裁,使索赔得到合理的解决。监理人应该依据合同赋予的权力,认真做好审查、分析工作,力求提出承包人和发包人双方容易接受的、合理的处理意见,为使索赔得到合理解决奠定基础。

二、《中华人民共和国标准施工招标文件》(2007年版)关于索赔处理的规定

(一)承包人提出索赔

根据合同约定,承包人认为有权得到追加付款和(或)延长工期的,应按以下程序向发包人提出索赔:

(1)承包人应在知道或应当知道索赔事件发生后28天内,向监理人递交索赔意向通知书,并说明发生索赔事件的事由。承包人未在前述28天内发出索赔意向通知书的,丧失要求追加付款和(或)延长工期的权利;

(2)承包人应在发出索赔意向通知书后28天内,向监理人正式递交索赔通知书。索赔通知书应详细说明索赔理由以及要求追加的付款金额和(或)延长的工期,并附必要的记录和证明材料;

(3)索赔事件具有连续影响的,承包人应按合理时间间隔继续递交延续索赔通知,说明连续影响的实际情况和记录,列出累计的追加付款金额和(或)工期延长天数;

(4)在索赔事件影响结束后的28天内,承包人应向监理人递交最终索赔通知书,说明最终要求索赔的追加付款金额和延长的工期,并附必要的记录和证明材料。

(二)承包人索赔处理程序

(1)监理人收到承包人提交的索赔通知书后,应及时审查索赔通知书的内容、查验承包人的记录和证明材料,必要时监理人可要求承包人提交全部原始记录副本。

（2）监理人应按第 3.5 款商定或确定追加的付款和（或）延长的工期，并在收到上述索赔通知书或有关索赔的进一步证明材料后的 42 天内，将索赔处理结果答复承包人。

（3）承包人接受索赔处理结果的，发包人应在作出索赔处理结果答复后 28 天内完成赔付。承包人不接受索赔处理结果的，按第 24 条约定的争议解决方式办理。

（三）承包人提出索赔的期限

（1）承包人按第 17.5 款的约定接受了竣工付款证书后，应被认为已无权再提出在合同工程接收证书颁发前所发生的任何索赔。

（2）承包人按第 17.6 款的约定提交的最终结清申请单中，只限于提出工程接收证书颁发后发生的索赔。提出索赔的期限自接受最终结清证书时终止。

（四）发包人提出索赔

（1）发生索赔事件后，监理人应及时书面通知承包人，详细说明发包人有权得到的索赔金额和（或）延长缺陷责任期的细节和依据。发包人提出索赔的期限和要求与承包人提出索赔的期限和要求相同，延长缺陷责任期的通知应在缺陷责任期届满前发出。

（2）监理人按第 3.5 款商定或确定发包人从承包人处得到赔付的金额和（或）缺陷责任期的延长期。承包人应付给发包人的金额可从拟支付给承包人的合同价款中扣除，或由承包人以其他方式支付给发包人。

（五）争议的解决方式

发包人和承包人在履行合同中发生争议的，可以友好协商解决或者提请争议评审组评审。合同当事人友好协商解决不成、不愿提请争议评审或者不接受争议评审组意见的，可在专用合同条款中约定，采用向约定的仲裁委员会申请仲裁或者向有管辖权的人民法院提起诉讼方式中的一种解决。

1. 友好解决

在提请争议评审、仲裁或者诉讼前，以及在争议评审、仲裁或诉讼过程中，发包人和承包人均可共同努力友好协商解决争议。

2. 争议评审

友好协商解决不了的争议可采用争议评审，争议评审的程序是：

第一：成立争议评审组。发包人和承包人应在开工日后的 28 天内或在争议发生后，协商成立争议评审组。争议评审组由有合同管理和工程实践经验的专家组成。

第二：提交申请报告。由申请人向争议评审组提交一份详细的评审申请报告，并附必要的文件、图纸和证明材料，申请人还应将上述报告的副本同时提交给被申请人和监理人。

第三：提交答辩报告。被申请人在收到申请人评审申请报告副本后的 28 天内，向争议评审组提交一份答辩报告，并附证明材料。被申请人应将答辩报告的副本同时提交给申请人和监理人。

第四：举行调查会。争议评审组在收到合同双方报告后的 14 天内（专用合同条款另有约定除外），邀请双方代表和有关人员举行调查会，向双方调查争议细节；必要时争议评审组可要求双方进一步提供补充材料。

第五:作出书面评审。在调查会结束后的 14 天内(专用合同条款另有约定除外),争议评审组应在不受任何干扰的情况下进行独立、公正的评审,作出书面评审意见,并说明理由。在争议评审期间,争议双方暂按总监理工程师的决定执行。

第六:执行评审意见。发包人和承包人接受评审意见的,由监理人根据评审意见拟定执行协议,经争议双方签字后作为合同的补充文件,并遵照执行。

3. 仲裁或起诉

发包人或承包人不接受评审意见,并要求提交仲裁或提起诉讼的,应在收到评审意见后的 14 天内将仲裁或起诉意向书面通知另一方,并抄送监理人,但在仲裁或诉讼结束前应暂按总监理工程师的指令执行。

合同争议发生后,除双方均同意停工外,双方都应继续履行合同,否则视为违约。

三、索赔费用的审查

(一)索赔报告中通常存在的问题

发包人和承包人在对待同一索赔事件的态度上是相反的,对索赔事件的处理总希望能对自己有利,任何一份索赔报告,都会存在漏洞和薄弱环节。在索赔报告中常见的问题如下:

(1)对合同理解的错误。承包人片面地从自己的利益和观点出发解释合同,这是一种正常现象。人们对合同常常不能客观、全面地分析,都作有利于自己的解释,导致索赔要求存在片面性和不客观性。索赔报告中没有贯彻合同精神,或没有正确引用合同的条文,所以索赔理由不足。

(2)承包人有推卸责任,转移风险的企图。在索赔报告中所列的干扰事件可能全部是,或部分是承包人管理不善造成的问题,或索赔要求中包括属于合同规定是承包人自己风险范围内的损失。

(3)扩大事实,夸大干扰事件的影响,或提出一些不真实的干扰事件和没有根据的索赔要求。

(4)在索赔报告中未能提出支持其索赔的详细资料,无法对索赔要求作出进一步解释,属于索赔证据不足,或没有证据。

(5)索赔值的计算不合理,多估冒算,漫天要价。按照通常的索赔策略,索赔者常常要扩大索赔额,给自己留有充分的余地,以争取有利的解决。例如将自己因管理不善造成的损失和属于自己风险范围内的损失纳入索赔要求中;扩大干扰事件的影响范围;采用对自己有利而不合理的计算方法等。所以索赔值常常会有虚假成分,甚至可能离谱太远。

这些问题在索赔报告中屡见不鲜。如果认可这样的索赔报告,则发包人在经济上要受到损失,而且这种解决也是不合理的、不公平的。所以监理人对承包人的索赔报告必须进行全面地、系统地分析、评价、反驳,以找出问题,剔除不合理的部分,为索赔的合理解决提供依据。

(二)监理人对索赔报告的审查

监理人对承包人提交的索赔报告可以从以下几个方面进行审查、核实。

1. 审查索赔事件的真实性

不真实、不肯定、没有根据或仅出于猜测的事件是不能提出索赔的。事件的真实性可以从以下两个方面证实：

(1)承包人索赔报告中的证据。不管事实怎样，只要承包人在索赔报告中未提出事件经过的得力证据，监理人可要求承包人补充证据，或否定索赔要求。

(2)监理人注意合同跟踪。从合同管理中寻找承包人不利的因素和条件，构成否定承包人索赔要求的证据。

2. 分清索赔事件的责任

有些干扰事件和损失往往是存在的，但责任并不完全在发包人。通常有以下三种情况：

(1)责任在于索赔者，即承包人自己，由于承包人疏忽大意、管理不善造成损失，或在干扰事件发生后未采取得力有效的措施降低损失，或未遵守监理人的指令和通知等。

(2)干扰事件是其他方面原因引起的，不应由发包人赔偿。

(3)合同双方都有责任，则应按各自的责任分担损失。

3. 分析索赔理由

监理人应在审查索赔报告的同时，努力为发包人寻找对其有利的合同条文，尽力减轻发包人的合同责任；或找到对承包人不利的合同条文，使承包人不能推卸或不能完全推卸自己的合同责任，这样可以从根本上否定承包人提出的索赔要求。例如：

(1)承包人未能在合同规定的索赔有效期内提出索赔，故该索赔无效。

(2)索赔事件在合同规定的承包人应承担的风险范围内，不能提出索赔要求，或应从索赔中扣除这部分。

(3)索赔要求不在合同规定的赔(补)偿范围内，如合同未明确规定，或未具体规定补偿条件、范围、补偿方法等。

(4)索赔事件的责任虽然是发包人的责任，但合同规定发包人没有赔偿责任，例如合同中有对发包人的免责条款，或合同规定不予赔偿等。

4. 分析索赔事件的影响程度和范围

先分析索赔事件和影响之间是否存在因果关系，分析干扰事件的影响范围。如在某工程中，承包人负责的某种材料未能及时运达工地，使分包人分包的工程受到干扰而拖延，但拖延天数在该工程活动的自由时差范围内，不影响工期，且承包人已事先通知分包人，施工计划又允许人力作调整，则不能对工期和劳动力损失提出索赔。又如发包人拖延交付图纸造成工程延期，在此期间，承包人又未能按合同规定日期安排劳动力和管理人员进场，则工期可以顺延，但工期延长对费用影响比较小，不存在对承包人窝工费用的赔偿。又如干扰事件发生后，承包人能够却没有采取积极措施来避免或降低损失，未能及时通知监理人，而是听之任之，扩大了干扰事件的影响范围和影响量，则造成这扩大部分的损失应有承包人自己承担。

5. 审查索赔证据的可靠性

对证据不足、证据不当或仅具有片面证据的索赔，监理人可认为该索赔的证据缺乏可靠性，索赔不成立。证据不足，即证据不足以证明干扰事件的真相、全过程或证明事件的影响，需要重新补充。证据不当,即证据与本索赔事件无关或关系不大,证据的法律证明效力不足。片面的证据,即承包人仅具有对自己有利的证据。

例如合同双方在合同实施过程中,对某问题进行过两次会谈,作过两次不同决议,则按合同变更次序,第二次决议(备忘录或会议纪要)的法律效力应优先于第一次决议。如果在该问题相关的索赔报告中仅出具第一次会议纪要作为双方决议的证明,则它是片面的、不完全的。

又例如,尽管对某一具体问题合同双方有过书面协商,但未达成一致意见,或无最终确定,或没有签署附加协议,则这些书面协商无法律约束力,不能作为证据。

6.审核索赔费用的计算

监理人在对索赔项目和索赔内容审核的基础上,还应该对承包人关于索赔费用的计算进行审查,主要审查用于费用计算的单价和费率。在监理工作实践中,可按前文的规定和原则确定单价或者费率。

四、常见索赔证据

(1)招标文件、施工合同文本及附件,其他各种签约(如备忘录、修正案等),经认可的工程实施计划、各种工程图纸、技术规格书等。这些索赔的依据可在索赔报告中直接引用。

(2)双方的往来信件。

(3)各种会议纪要。在施工合同履行过程中,发包人、监理人和承包人定期或不定期的会谈所做出的决议或决定,是施工合同的补充,应作为施工合同的组成部分,但会议纪要只有经过各方签署后才可作为索赔的依据。

(4)施工进度计划和具体的施工进度安排。施工进度计划和具体的施工进度安排是工程变更索赔的重要证据。

(5)施工现场的有关文件。如施工记录、施工备忘录、施工日报、工长或检查员的工作日记、监理人填写的施工记录等。

(6)工程照片。照片可以清楚、直观地反映工程具体情况,照片上应注明日期。

(7)气象资料。

(8)工程检查验收报告和各种技术鉴定报告。

(9)工程中送停电、送停水、航行通告、道路开通和封闭的记录和证明。

(10)官方的物价指数、工资指数。

(11)各种会计核算资料。

(12)建筑材料的采购、订货、运输、进场、使用方面的凭据。

(13)国家有关法律、法令、政策文件。

五、索赔费用的支付

一旦确定了索赔金额,就应当及时支付给承包人,一般在中期支付证书中将其作为一个支付项目来处理。

然而,由于索赔的争议较大,所以许多索赔项目往往需要经历一段时间才能处理完毕。因此,如果出现整项索赔没有结果的情况,通常可将监理人已经认可的那一部分在中期支付中进行暂定支付,这种支付就是一项持续索赔的临时付款。由此可见,索赔的处理过程虽然繁杂,但是索赔费用的支付却十分简单。

总之,索赔在施工合同中是经常出现的,并且费用可观,监理人应针对各种索赔原因采取切实有效的措施,从而达到有效控制索赔费用,降低工程造价的目的。其中最关键的一条就是按合同文件要求认真做好各项工作,全面熟悉有关工地及其环境、工程计划、合同条件、技术规格书以及招投标等方面的业务,使自己在索赔费用支付中处于有利地位。

第五节　价格调整费用支付

一、价格调整的原因

实行价格调整是国际竞争性招标项目中的一则惯例,因为合同中列明的有关价格调整的条款,体现了发包人和承包人公平、合理地分担价格的意外风险,既使投标人报价时能够合理地计算标价,免除中标后因为发生劳力、原材料等价格上涨带来的风险,又保证发包人能够获得较真实和可靠的报价,以及在工程结算时能在一个合理的价格水平上承受工程费用。价格调整在保证合同双方顺利执行合同方面起着重要的作用,是一条公平、合理的规定。价格调整涉及两个方面:一是工程项目施工中所耗用的主要大宗材料的价格变动;二是后继法规及其他有关政策的改变而产生的费用。将上述两方面费用计算出来后,在"进度款支付"中支付。

二、价格调整的方法

对合同价格调整的方法,根据"世界银行采购指南"中的分类方法一般可以分为两种。

(1)第一种方法是根据地方劳动力和规定的材料等基本价格与现行价格的差值予以某种约定的方式加以补偿,通常称之为票证法或票据法。这里的基本价格意指投标截止日期前28天的(材料或者人工等)价格;现行价格指在提交投标书后,工程实施中采购(材料或者人工等)的价格。这种方法与国内基本建设内部管理施工法的材料价差补差方法类似。一般做法是在投标时发包人应给出明确条件,注明补差材料名称及材料最终数量的限定,并随投标文件提交指定材料合法的基本价格证明文件。同时,发包人还将注明在项目实施过程中与基本价格组成内容相应的现行价格的组成内容,以及对承包人提交的现行价格文件的合法性提出明确规定。由于现行价格随市场升、降的不稳定性,将会给监理人处理价格调整带来不少的麻烦。因此,某一种材料可能在多次进度款支付中都出现调整,有的可能往返出现多退少补的情况,甚至要到最终支付时才能最后解决调价费用计算。特别是证明价格的合法性文件,在遇到票据管理混乱时,会给监理人的审查工作带来极大的困难。

(2)第二种方法是规定一种固定公式,把全部合同价格分成若干组成部分,然后按各部分的价格指数进行综合调整,通常称之为公式法。

三、用公式法进行价格调整

(一)基本思路

用公式法进行价格调整的基本思路是:首先将合同总价定为1,其次确定其价格不变部分所占有的比例,然后找出调价各部分价值占合同总价的比例再乘以相应的现价与基价之比,确定出一个调价指数,最后用合同总价乘以调价指数,即为价格补差额。具体的公式为:

$$调价补差额 = 合同总价 \times 调价指数 \tag{10-6}$$

也可表示为:

$$调整后的价格 = 合同总价 \times (1 + 调价指数) \tag{10-7}$$

(二)公式法调整的优点

公式法比票证法具有更好的操作性,因为公式法的数字均可从现有的合同中获得,而影响调价的基本数据——物价指数,一般来自官方材料,公布指数的时间相对固定,如我国目前由国家统计局每年公布一次,因而调价时间也比较固定。这种方法易于被发包人和承包人接受,而且监理人在处理价格调整时证据充分、方便可靠。

(三)公式法调价计算程序

1.先确定基价或基价指数 P_{0i}

基价指数是指投标截止日期所在月份的前1个月,某种材料(或费用)在原产地国家的地区或政府物价局、统计局、建设行业行政主管部门公布流通使用的价格指数。

2.确定现价或现价指数 P_{1i}

现价指数是指出具进度款支付证书前1个月中,材料原产地政府机关最新公布流通使用的价格指数。现价指数应与基价指数的确定方法相一致。在实际工作中,可根据招标文件的规定,以每年集中进行一次价格调整为宜,这样可以充分利用国家每年公布一次的物价指数。

现价指数按指数选择基期的不同分为定基物价指数和环比物价指数。定基物价指数以某一固定期为基期所计算的相对价格指数;环比物价指数是以计算期的前一时期为基期所计算的相对价格指数,以一个月(季)度期限编制的环比物价指数为月(季)度环比物价指数,以一个年度期限编制的环比物价指数为年度环比物价指数。国际上习惯使用定基物价指数,并且以香港统计局公布的为准。我国每次公布的各种物价指数常常是环比物价指数,在计算时要将环比物价指数换算成定基物价指数,以每年公布一次的年度环比物价指数为例。例如,某工程于1995年招投标,1995年底签订合同,工程于1999年竣工,要对1998年的工程费用进行调整(一次性调整),就必须先将1998年与1995年相比的定基物价指数算出。若1996、1997、1998三年的环比物价指数分别为110、112、114,那么1998年的现价指数 P_{1i} 不是114,而是 $110 \times 112 \times 114 \times 100^{-2} = 140$。也就是说,以1995年为基期(1995年的定基物价指数为100),1998年的定基物价指数为140。

3.确定物价比值系数 b_i

物价比值系数为现价指数与基价指数之比。即:

$$b_i = \frac{P_{1i}}{P_{0i}} \qquad (10\text{-}8)$$

式中：b_i——第 i 项影响价格因素（如劳动力、某项材料、机械折旧与维修和燃料等）的现价指
数与基价指数之比；

$\quad P_{1i}$——第 i 项影响价格因素（如劳动力、某项材料、机械折旧与维修和燃料等）的现价指数；

$\quad P_{0i}$——第 i 项影响价格因素（如劳动力、某项材料、机械折旧与维修和燃料等）的基价
指数。

4. 确定可调系数 C_i

可调系数是指影响价格的各种材料或因素的费用所占合同总价的权重系数。即：

$$C_i = \frac{W_i}{CP} \qquad (10\text{-}9)$$

式中：C_i——第 i 项影响价格因素的可调系数；

$\quad W_i$——第 i 项影响价格因素的金额；

$\quad CP$——合同总价；

5. 确定固定常数（总价不变系数）C_0

固定常数是指在支付中不进行调整价格的金额占合同总价的权重系数，即价格不变部分
所占有的比例（也称为总价不变系数），指合同价中一部分不受物价上涨、下调影响的费用占
总费用的比例。不进行调整的金额是指固定的间接费、利润、税金以及发包人以固定价格提供
的材料等。世界银行在推荐公式时固定价的比例一般为 15%～20%。计算公式为：

$$C_0 = 1 - \sum C_i \qquad (10\text{-}10)$$

6. 确定价格调价指数 PAF

$$PAF = C_0 + \sum b_i C_i - 1 \qquad (10\text{-}11)$$

7. 确定价格调整补差额

$$ADJ = LCP(\text{或者 } FCP) \times PAF \qquad (10\text{-}12)$$

式中：$\quad ADJ$——价格调整补差额；

LCP（或者 FCP）——价格调整内合同基价中人民币部分（或者外币部分）；

$\quad PAF$——物价调价指数。

四、《中华人民共和国标准施工招标文件》（2007 年版）关于价格调整的规定

1. 物价波动引起的价格调整

除专用合同条款另有约定外，因物价波动引起的价格调整按照《中华人民共和国标准施
工招标文件》（2007 年版）通用合同条款第 16.1 款约定处理。可以采用价格指数（公式法）调
整价格差额，或者采用造价信息（信息指导价）调整价格差额两种方法来处理。

（1）采用价格指数调整价格差额。

因人工、材料和设备等价格波动影响合同价格时，根据投标函附录中的价格指数和权重表
约定的数据，按以下公式计算差额并调整合同价格。

$$\Delta P = P_0 \times \left[A + \left(R_1 \times \frac{F_{t1}}{F_{01}} + R_2 \times \frac{F_{t2}}{F_{02}} + \cdots + R_n \times \frac{F_{tn}}{F_{0n}} \right) - 1 \right] \qquad (10\text{-}13)$$

式中：　　ΔP——需调整的价格差额；

P_0——按合同约定的付款证书中承包人应得到的已完成工程量的金额。此项金额应不包括价格调整、不计质量保证金的扣留和支付、预付款的支付和扣回。按合同规定的变更及其他金额已按现行价格计价的,也不计在内；

A——定值权重(即不调部分的权重)；

R_1、R_2 $\cdots$ R_n——各可调因子的变值权重(即可调部分的权重),为各可调因子在投标函投标总报价中所占的比例；

F_{t1}、F_{t2} $\cdots$ F_{tn}——各可调因子的现行价格指数,指合同文件约定的付款证书相关周期最后一天的前 42 天的各可调因子的价格指数；

F_{01}、F_{02} $\cdots$ F_{0n}——各可调因子的基本价格指数,指基准日期的各可调因子的价格指数。

以上价格调整公式中的各可调因子、定值和变值权重,以及基本价格指数及其来源在投标函附录价格指数和权重表中约定。价格指数应首先采用有关部门提供的价格指数,缺乏上述价格指数时,可采用有关部门提供的价格代替。

在使用价格指数调整价格差额计算公式时,应该注意以下几点：

第一,在计算调整差额过程中得不到现行价格指数时,可暂时用上一次调整差额计算的价格指数计算,并在以后的付款中再按实际价格指数进行调整。

第二,由于按《中华人民共和国标准施工招标文件》第 15.1 款约定的变更导致原定合同中的权重不合理时,公式中权重的调整由监理人与承包人和发包人协商后进行调整。

第三,由于承包人原因未在约定的工期内竣工的,则对原约定竣工日期后继续施工的工程,在使用价格调整公式时,应采用原约定竣工日期与实际竣工日期的两个价格指数中较低的一个作为现行价格指数。这是因承包人工期延误后的价格调整的原则。

(2)采用造价信息调整价格差额。

在施工期内,因人工、材料、设备和机械台班价格波动影响合同价格时,人工、机械使用费按照国家或省、自治区、直辖市建设行政管理部门、行业建设管理部门或其授权的工程造价管理机构发布的人工成本信息、机械台班单价或机械使用费系数进行调整;需要进行价格调整的材料,其单价和采购数应由监理人复核,监理人确认需调整的材料单价及数量,作为调整工程合同价格差额的依据。

2. 法律变化引起的价格调整

在基准日后,因法律变化导致承包人在合同履行中所需要的工程费用发生除第 16.1 款约定以外的增减时,监理人应根据法律、国家或省、自治区、直辖市有关部门的规定,按第 3.5 款商定或确定需调整的合同价款。

五、《水运工程标准施工招标文件》(JTS 110-8—2008)关于价格调整的规定

《水运工程标准施工招标文件》(JTS 110-8—2008)在专用合同条款第 16.1.3 项规定,物价波动引起的价格调整方法：

（1）主要材料价格变化幅度超过＿＿＿＿＿％时，超过＿＿＿＿＿％的部分调整材料价差，并计列相应的税金、教育附加费和城市建设维护费；

（2）主要材料名称：＿＿＿＿＿＿；

（3）主要材料基准价格：投标截止前 28 天，工程所在地建设主管部门公布的信息价格；

（4）结算期主要材料价格：工程计量前 28 天，工程所在地建设主管部门公布的信息价格；

（5）工程所在地无建设主管部门公布的信息价格时：＿＿＿＿＿＿。

可见按照《水运工程标准施工招标文件》（JTS 110-8—2008）的规定，主要材料价格变化幅度没有超过合同规定幅度时，一律不调整材料价差；超过合同规定幅度时，仅仅对超过合同规定的部分进行调整材料价差；约定的主要材料名称、不调整材料价差的价格变化幅度、工程所在地没有建设主管部门公布的信息价格时采用什么价格都必须在专用合同条款中约定。

第六节 工 程 结 算

工程预付款和工程进度款的计算与支付已在前面的章节介绍，这里仅介绍工程竣工结算和其他（特殊）费用结算的内容。

一、安全施工方面的费用

承包人应遵守工程建设安全生产有关管理规定，严格按照安全标准组织施工，并随时接受行业安全检查人员依法实施的监督检查，采取必要的安全防护措施，消除事故隐患。由于承包人安全措施不力造成事故的责任和因此发生的费用，由承包人承担。

发包人应对其在施工场地的工作人员进行安全教育，并对他们的安全负责。发包人不得要求承包人违反安全管理的规定进行施工。因发包人原因导致的安全事故，由发包人承担相应责任及发生的费用。

承包人在动力设备、输电线路、地下管道、密封防震车间、易燃易爆地段以及临街交通要道附近施工时，施工开始前应向工程师提出安全防护措施，经工程师认可后实施，防护措施费用由发包人承担。

实施爆破作业，在放射、毒害性环境中施工（含储存、运输、使用）及使用毒害性、腐蚀性物品施工时，承包人应在施工前 14 天以书面形式通知工程师，并提出相应的安全防护措施，经工程师认可后实施，由发包人承担安全防护措施费用。

发生重大伤亡及其他安全事故，承包人应按有关规定立即上报有关部门并通知工程师，同时按政府有关部门要求处理，由事故责任方承担发生的费用。

发包人和承包人对事故责任有争议时，应按政府有关部门的认定处理。

二、专利技术及特殊工艺涉及的费用

发包人要求使用专利技术或特殊工艺，应负责办理相应的申报手续并承担申报、试验、使用等费用；承包人提出使用专利技术或特殊工艺，应取得工程师认可，承包人负责办理申报手续并承担有关费用。

擅自使用专利技术侵犯他人专利权的,责任者依法承担相应责任。

三、文物和地下障碍物涉及的费用

在施工中发现古墓、古建筑遗址等文物及化石或其他有考古、地质研究等价值的物品时,承包人应立即保护好现场并于 4 小时内以书面形式通知工程师,工程师应于收到书面通知后 24 小时内报告当地文物管理部门。承包人按文物管理部门的要求采取妥善保护措施,发包人承担由此发生的费用,顺延延误的工期。

施工中出现影响施工的地下障碍物时,承包人应于 8 小时内以书面形式通知工程师,同时提出处置方案,工程师收到处置方案后 24 小时内予以认可或提出修正方案,发包人承担由此发生的费用,顺延延误的工期。

所发现的地下障碍物有归属单位时,发包人应报请有关部门协同处置。

第十一章　安　全　监　理

第一节　《中华人民共和国安全生产法》相关规定

一、安全生产方针和工作机制

（1）安全生产工作应当以人为本，坚持人民至上、生命至上，把保护人民生命安全摆在首位，树牢安全发展理念，坚持安全第一、预防为主、综合治理的方针，从源头上防范化解重大安全风险。

（2）安全生产工作实行管行业必须管安全、管业务必须管安全、管生产经营必须管安全，强化和落实生产经营单位主体责任与政府监管责任，建立生产经营单位负责、职工参与、政府监管、行业自律和社会监督的机制。

二、生产经营单位的主要负责人对本单位安全生产工作负有的职责

（1）建立健全并落实本单位全员安全生产责任制，加强安全生产标准化建设。

（2）组织制定并实施本单位安全生产规章制度和操作规程。

（3）组织制定并实施本单位安全生产教育和培训计划。

（4）保证本单位安全生产投入的有效实施。

（5）组织建立并落实安全风险分级管控和隐患排查治理双重预防工作机制，督促、检查本单位的安全生产工作，及时消除生产安全事故隐患。

（6）组织制定并实施本单位的生产安全事故应急救援预案。

（7）及时、如实报告生产安全事故。

三、生产经营单位的安全生产管理机构以及安全生产管理人员履行的职责

（1）组织或者参与拟订本单位安全生产规章制度、操作规程和生产安全事故应急救援预案。

（2）组织或者参与本单位安全生产教育和培训，如实记录安全生产教育和培训情况。

（3）组织开展危险源辨识和评估，督促落实本单位重大危险源的安全管理措施。

（4）组织或者参与本单位应急救援演练。

（5）检查本单位的安全生产状况，及时排查生产安全事故隐患，提出改进安全生产管理的建议。

（6）制止和纠正违章指挥、强令冒险作业、违反操作规程的行为。

（7）督促落实本单位安全生产整改措施。

第二节 《公路水运工程安全生产监督管理办法》相关规定

一、监理单位安全生产责任

（1）监理单位应当按照法律、法规、规章、工程建设强制性标准和合同文件进行监理，对工程安全生产承担监理责任。

（2）监理单位应当审核施工项目安全生产条件，审查施工组织设计中安全措施和专项施工方案。在实施监理过程中，发现存在安全事故隐患的，应当要求施工单位整改；情节严重的，应当下达工程暂停令，并及时报告建设单位。施工单位拒不整改或者不停止施工的，监理单位应当及时向有关主管部门书面报告，并有权拒绝计量支付审核。

（3）监理单位应当如实记录安全事故隐患和整改验收情况，对有关文字、影像资料应当妥善保存。

二、施工单位安全生产责任

（1）施工单位应当按照法律、法规、规章、工程建设强制性标准和合同文件组织施工，保障项目施工安全生产条件，对施工现场的安全生产负主体责任。施工单位主要负责人依法对项目安全生产工作全面负责。

（2）建设工程实行施工总承包的，由总承包单位对施工现场的安全生产负总责。分包单位应当服从总承包单位的安全生产管理，分包单位不服从管理导致生产安全事故的，由分包单位承担主要责任。

第三节 安全风险分级管控和隐患排查治理双重预防机制

一、安全风险分级管控

（1）公路水路行业安全生产风险（以下简称"风险"）是指生产经营过程中发生安全生产事故的可能性。

（2）风险按业务领域分为道路运输风险、水路运输风险、港口营运风险、交通工程建设风险、交通设施养护工程风险和其他风险六个类型。每个类型可按照业务属性分为若干类别。

（3）风险等级按照可能导致安全生产事故的后果和概率，由高到低依次分为重大、较大、一般和较小四个等级。

①重大风险是指一定条件下易导致特别重大安全生产事故的风险。

②较大风险是指一定条件下易导致重大安全生产事故的风险。

③一般风险是指一定条件下易导致较大安全生产事故的风险。

④较小风险是指一定条件下易导致一般安全生产事故的风险。

⑤以上同时满足两个以上条件的,按最高等级确定风险等级。

(4)公路水路行业安全生产风险管理工作应坚持"单位负责、行业监管、动态实施、科学管控"的原则。

(5)生产经营单位应按下列要求加强重大风险管控:

①对重大风险制定动态监测计划,定期更新监测数据或状态,每月不少于1次,并单独建档。

②重大风险应单独编制专项应急措施。

③重大风险确定后按年度组织专业技术人员对风险管控措施进行评估改进,年度评估报告应在次年1个月内通过交通运输安全生产风险管理系统向属地负有安全生产监督管理职责的交通运输管理部门报送。

二、隐患排查治理

(1)隐患按业务领域分为道路运输隐患、水路运输隐患、港口营运隐患、交通工程建设隐患、交通设施养护工程隐患和其他隐患六个类型。每个类型可按照业务属性分为若干类别。

(2)隐患分为重大隐患和一般隐患两个等级。重大隐患是指极易导致重特大安全生产事故,且整改难度较大,需要全部或者局部停产停业,并经过一定时间整改治理方能消除的隐患,或者因外部因素影响致使生产经营单位自身难以消除的隐患。一般隐患是指除重大隐患外,可能导致安全生产事故发生的隐患。

(3)重大隐患整改应制定专项方案,包括以下内容:

①整改的目标和任务;

②整改技术方案和整改期的安全保障措施;

③经费和物资保障措施;

④整改责任部门和人员;

⑤整改时限及节点要求;

⑥应急处置措施;

⑦跟踪督办及验收部门和人员。

(4)生产经营单位应按照"及时报备、动态更新、真实准确"的原则,通过公路水路行业安全生产隐患治理信息系统向属地负有安全生产监督管理职责的管理部门及时报备重大隐患信息,负有直接监督管理责任的交通运输管理部门应审查报备信息的完整性。

(5)重大隐患报备信息应包括以下内容:

①隐患名称、类型类别、所属生产经营单位及所在行政区划、属地负有安全生产监督管理职责的管理部门;

②隐患现状描述及产生原因;

③可能导致发生的安全生产事故及后果;

④整改方案或已经采取的治理措施,治理效果和可能存在的遗留问题;

⑤隐患整改验收情况、责任人处理结果。

(6)报告事故应当包括的内容:

①事故发生单位概况;

②事故发生的时间、地点以及事故现场情况;

③事故的简要经过;

④事故已经造成或者可能造成的伤亡人数(包括下落不明的人数)和初步估计的直接经济损失;

⑤已经采取的措施;

⑥其他应当报告的情况。

(7)整改期间发生安全生产事故的,还应报送事故及处理结果等信息。

第四节　平安工地建设监理履行的职责

(1)监理单位应当将平安工地建设作为安全监理的主要内容,危险性较大的分部分项工程开工前按照《公路水运工程平安工地建设考核评价指导性标准》要求及时开展安全生产条件审核,并将审核结果报建设单位。

(2)施工过程中,监理单位应当按照《公路水运工程平安工地建设考核评价指导性标准》要求,每季度对监理范围内的合同段平安工地建设管理情况进行监督检查,发现问题及时督促整改,整改后仍不符合要求的合同段应当责令停工,并向建设单位报告;情节严重的还应当向直接监管的交通运输主管部门书面报告。

第五节　施工过程安全控制

一、项目监理机构对大、中型施工机械和船舶设备的主要审核内容

(1)设备的有效证书或有效的检验合格证明文件;

(2)设备操作人员资格证书;

(3)船机设备作业区域是否为核定的适航区;

(4)相应的救生、消防、通信等安全配套设施的配备是否符合相关规定。

二、工人安全技术交底内容

(1)本工程项目的施工作业特点、危险源和危害因素;

(2)相应的安全操作规程或安全技术措施;

(3)职业健康与环保要求;

(4)生产安全综合应急预案、专项应急预案或现场处置方案;

(5)其他应注意的安全事项。

三、模板工程安装、拆除安全规定

模板的安装应符合下列规定:

（1）模板吊安前,应对模板和吊点进行检查。吊安时,应有专人指挥。模板未固定前,不得进行下一道工序施工。

（2）模板安装就位后,必须立即进行支撑和固定。支撑和固定未完成前,严禁升降或移动吊钩。

（3）模板安装处距地面或水面的高度超过2m时,应搭设脚手架或施工平台。

（4）利用承台底模板作为施工平台时,应留有安装和拆除模板的作业场所。

模板的拆除与存放应符合下列规定:

（1）模板拆除时,承重模板应在混凝土强度达到能够承受自重及其他可能叠加的荷载或在混凝土强度符合表11-1的数值后方可拆除。水下和水位变动区模板拆除时间应适当延长。设计有规定的应按设计规定执行。

混凝土承重模板拆除时所需混凝土强度　　　　　　　　表11-1

序号	结 构 形 式	结构跨度 L(m)	达到设计强度标准值的百分率(%)
1	板	$L < 2$	50
		$2 \leqslant L \leqslant 8$	大于75
		$L > 8$	100
2	梁	$L \leqslant 8$	75
		$L > 8$	100
3	悬臂构件	$L \leqslant 2$	75
		$L > 2$	100

注:混凝土设计强度标准值是指与设计的混凝土强度等级相应的混凝土立方体抗压强度标准值。

（2）应按顺序分层、分段拆除,不得留有松动或临时悬挂的模板。模板拆除下方应设置安全警戒区。

（3）模板的存放场地必须坚实、平整。

（4）大型模板应存放在专用模板架内或卧倒平放,不得直靠在其他模板或构件上。

（5）清理模板或刷脱模剂时,必须将模板支撑牢固,两片模板间应留有足够的人行通道。

（6）在突风频发区或台风到来前,对支设或存放的大型模板应采取加固措施。

四、灌注桩安全防护规定

（1）安装钻机时,应对钻机及配套设备进行全面检查,钻机安装应平稳、牢固。钻架应加设斜撑或缆风绳。

（2）钻机不得超负荷作业。提升钻头受阻时,不得强行提拔。

（3）当钻孔内有承压水时,护筒顶标应高于稳定后的承压水位1.5~2.0m。

（4）群桩同时钻孔时,相邻施钻的孔位应保持安全距离。

（5）灌注桩成孔过程中地面发生大面积坍塌时,作业人员必须及时撤离,并采取应急措施。

（6）泥浆池的泥浆不得外泄,废浆处理应符合环保规定。泥浆池的周围应设置安全护栏和安全警示标志。

(7)钢筋笼应设置吊点,必要时钢筋笼应采取整体加固措施。

(8)水上钢筋笼分节吊装对接宜在施工平台上设置悬吊装置。

(9)使用钻孔设备灌注混凝土时,应对钻架、吊臂、钢丝绳和索具等进行受力验算。

(10)冲击成孔的钻机应经常检查冲锤、钢丝绳、绳卡和吊臂等的磨损或变形。开孔时,应低锤密击。正常冲击时,冲程应根据土质的软硬程度调整,最大冲程不宜超过4m,并应防止发生空锤。

五、抓斗式挖泥船疏浚施工安全规定

(1)抓泥作业前,抓斗机操纵人员应预先发出警示信号,人员不得进入其作业半径范围内。

(2)移动抓斗时,抓斗不得碰撞泥驳或缆绳。装驳时,泥驳应根据干舷高度在允许负荷量的范围内进行操作,不得超载。抓到不明物体应立即停止作业并探明情况。

(3)抓斗的索链变化时要及时调整系缆。

(4)抓斗下落时不得突然制动。开挖强风化岩石时,应控制抓斗下放速度,不得强行合斗。

(5)抓斗机缠绕抓斗时应立即停止作业,排除故障。作业人员不得攀爬或站在处于悬吊状态的抓斗上作业。

(6)检修吊臂或其他属具应将吊臂放于固定支架上,并停车、断电、悬挂"禁止启动"安全警示标志。

(7)检修、调换抓斗时应将抓斗放于专用斗架上或将抓斗支撑牢固。

(8)拆装抓斗时,较重斗件应使用吊机或滑车组。

六、绞吸式挖泥船疏浚施工安全规定

(1)定位钢桩应在船舶抛锚定位后沉放。双钢桩沉放状态下,船舶不得横向移动。

(2)沉放或起升定位钢桩时,人员不得在液压顶升装置和定位钢桩附近通过或停留。

(3)疏浚作业前,排泥管线的出泥管口应经检查确认稳固、正常,并应设置安全警示标志。必要时应设置围栏。

(4)启动泥泵前,排泥管线附近的所有船舶和人员应撤离。

(5)检查排泥浮管线应携带通信工具并设专人监护。主机应预先减速或停车。

(6)清理绞刀或吸泥口障碍物时应关闭绞刀动力源开关,锁定桥架保险销,排净回路水。作业人员应携带通信工具,并设专人监护。

(7)短距离移泊时不得调整定位钢桩。长距离移泊或调遣应按船舶技术说明书对定位钢桩进行处置或将定位钢桩放倒封固。

(8)水上排泥管线每间隔50m应设置一个昼夜显示的警示标志。固定浮管的锚应设置锚标。

(9)泥浆浓度伽马检测仪的使用、管理、检查或修理应符合相关规定。

(10)受风、浪影响停工时,船舶必须下锚停泊,严禁沉放定位钢桩。

第十二章　环保监理

第一节　基本规定

一、施工环境保护监理的目标

（1）工程施工过程中的噪声、振动、废气、污水、固体废弃物等排放达到国家相应标准。

（2）生态环境保护、水土保持等措施符合建设项目环境影响评价文件和水土保持方案的要求。

（3）声屏障、绿化污水处理等环保工程设施施工符合相应规范和合同规定。

（4）施工期不发生重大环境污染和生态破坏事件。

二、施工环境保护监理的任务

环境保护监理一般分为环境达标监理和环保工程监理两类。环境达标监理的主要任务是对工程建设过程中污染环境破坏生态的行为进行监督管理，防止或减少施工过程污染物排放和生态破坏，实现污染物达标排放或符合生态保护要求，如噪声、废气、污水、固体废弃物等污染物排放达标，水土流失、生态恢复、自然保护区、水源区和风景名胜区保护等符合要求。环境工程监理的主要任务是对工程的环保配套设施进行施工监理，落实项目环境影响评价文件中的环保设施要求，确保"三同时"的实施，如临时用地复垦、水土保持景观绿化等生态工程、雨水径流收集、污水处理、声屏障、消烟除尘设施等。

三、施工环境保护监理的范围和内容

1. 施工环境保护监理的工作范围

施工环境监理阶段应包括施工准备期、施工期、交工验收、竣工验收；环境监理的工作范围应包括工程施工区域和工程环境影响区域。

2. 施工环境保护监理的主要工作内容

（1）审批施工单位施工组织设计中的环境保护专章或专项环境保护实施方案审查施工单位的环境管理体系，评估体系运行的有效性。

（2）编制监理规（计）划中的环境保护监理工作方案，编制环境监理实施细则。

（3）根据合同要求进行工程全过程、全方位环境保护监理，确保环境保护目标的实现。

（4）定期向建设单位报告环境监理工作的情况。

（5）协助环境污染事故调查处理。

(6)编写环境监理工作总结报告。

(7)参与竣工环境保护验收工作等。

四、施工环保监理工作目标(JTS 252-1—2018　3.0.6)❶

(1)工程施工过程中产生的噪声、振动、废气、污水等排放符合相应的标准和要求,固体废物得到妥善处置。

(2)生态环境保护和恢复措施符合环境影响评价及批复要求。

第二节　施工准备期环境监理

一、施工准备期环境监理工作主要内容(JTS 252-1—2018　4.0.1)

(1)根据设计文件、环境影响评价报告和批复,核实工程附近环境保护目标。

(2)编制监理规划中的环境保护篇章以及环境监理实施细则。

(3)对施工单位提交的"工程开工报审表"中有关环境保护的内容进行审查。

(4)参加设计交底,明确环境监理工作内容。

(5)在第一次工地会议上向建设单位和施工单位明确与环境监理有关的事项。

(6)审批施工组织设计中的环境保护实施方案、专项环保方案。

(7)审批与环境保护有关的工程开工条件。

(8)监督检查施工营地、临时道路、预制场、临时材料堆场临时环保设施等的布置情况和建设过程,控制其环境影响,并符合环境保护相关要求。

二、监理规划中的环境保护篇章主要内容(JTS 252-1—2018　4.0.2)

(1)工程环境监理依据;

(2)工程环境监理目标;

(3)环境监理人员构成、职责分工和进场计划;

(4)工程环境监理范围;

(5)工程环境监理工作内容。

三、施工环境保护监理实施细则主要内容(JTS 252—2015　5.5.6)

(1)施工环境保护监理依据;

(2)施工环境保护监理工作目标;

(3)施工环境保护监理工作内容;

(4)施工环境保护监理人员职责;

---

❶ 本文所指 JTS 252-1—2018 为《水运工程施工环境监理规范》(JTS 252-1—2018)。

（5）施工环境保护监理工作程序；

（6）施工环境保护监理重点及措施；

（7）施工环境保护监理资料。

四、环境监理交底主要内容（JTS 252-1—2018　5.2.2）

（1）与环境保护相关的法律法规和技术标准等；

（2）合同约定的参建各方环境保护的责任、权利和义务；

（3）环境监理工作内容、基本程序和方法；

（4）有关环境监理报表的填报要求；

（5）环境保护资料的报审与管理要求；

（6）需要建设单位配合的工作等。

第三节　施工期环境监理

一、施工期环境监理工作主要内容（JTS 252-1—2018　5.1.4）

（1）审查施工组织设计、专项施工方案或变更施工方案中的环境保护措施，并要求施工单位采用 JTS 252-1—2018 附录 A 中表 A.0.1 和表 A.0.2 的格式向环境监理机构进行环保措施报审。

（2）对施工现场环境保护措施的实施情况进行巡视或旁站，检查环境保护措施的执行情况和成效。

（3）检查施工单位的环境保护工作记录。

（4）向施工单位发出环境保护监理指令。

（5）组织召开与环境保护有关的会议。

（6）对环境保护措施的实施情况及监理情况进行连续记录。

（7）协助环保主管部门和建设单位处理突发环保事件。

二、施工环境保护方案及措施审核主要内容（JTS 252—2015　5.5.4）

（1）施工环境保护内容；

（2）施工环境保护管理人员职责和管理制度；

（3）施工合同责任范围内各类污染防治措施和生态保护、水土保持措施；

（4）施工环境保护效果的检测与监测手段；

（5）环境污染事故应急处理措施。

三、疏浚挖泥施工环境监理人员的监督检查（JTS 252-1—2018　5.3.2）

（1）监督疏浚装舱溢流时间，减少对水质的影响。

(2)监督疏浚物质运输过程中的泄漏情况。

(3)按《中华人民共和国海洋倾废管理条例》的要求对海上抛泥作业进行监督。

(4)内河航道施工时,监督弃泥场的选择及弃泥场挡泥墙、截水沟和排水沟的设置情况。

(5)在取水口及其水源保护区水域内疏浚挖泥时,监督布设防污屏等减缓对水源影响的措施的实施情况。

(6)监督环境敏感目标水域悬浮物的变化,必要时进行取样监测。

四、吹填工程环境监理工作(JTS 252-1—2018 5.3.3)

(1)环境监理人员应监督施工单位做好下列工作:

①吹填作业在围堰工程建成后进行。

②确保堤身安全,防止漏泥造成环境污染事故。

③吹泥口和泄水口之间距离符合要求,泄水口排放的悬浮物浓度满足排放标准。

(2)环境监理人员应巡视围堰漏泥情况,发现泄漏,应当场责令施工单位整改,并旁站监督整改过程。

(3)环境监理人员应观察泄水水质情况,必要时进行取样监测。

五、码头水上施工环保监理要点

(1)在工程开工前,监理工程师应审批施工方案中的环保措施,要求施工单位采取周密的环境保护措施。

(2)监理工程师根据工程环境影响特点,确定本阶段环保监理的巡视、旁站计划。监督检查施工单位是否按环保要求进行施工。

(3)水上施工时应优化施工设计方案,尽可能采取先进施工工艺,加强科学管理。在确保施工质量前提下加快施工进度,尽量缩短水下作业时间。

(4)加强施工设备的管理与维修保养,杜绝泄漏石油类物质以及所运送的建筑材料等,减少对水域污染的可能性。

(5)施工中挖出的淤泥、废渣排泄到海洋主管部门指定的抛泥区。

(6)水上平台工作人员的生活污水、压载水及生活垃圾、施工不垃圾不得直接排放和抛弃到海中,应设立临时厕所与垃圾箱,设专人定期清理,以减少对水质的污染。

(7)对施工船舶压载水、生活污水、含油污水,集中处理达标排放;船舶垃圾集中收集处理,监理工程师应注意水环境质量的悬浮物、石油类等监测指标,必要时可进行现场监测。

(8)沉箱临时存放区应避开具有特殊保护价值的海域。

(9)施工用砂石应限制在海岸直接取用。

(10)对施工过程中不符合环保要求的行为,监理工程师可以发出监理指令,责令改正,情况严重时可发出暂时停工令。施工单位无正当理由拒绝整改的,监理工程师可以拒绝支付该部分工程量。

六、疏浚与吹填工程环保监理要点

(1)工程开工前,监理工程师应审批施工方案中的环保措施。要求施工单位采取周密的环境保护措施。

(2)监理工程师根据工程环境影响特点,确定本阶段环保监理的巡视、旁站计划。监督检查施工单位是否按环保要求进行施工。

(3)疏浚设备的选择:

疏浚设备的选择过程不是单一的,依赖于以下几个不可分制的因素:疏浚作业水域的环境要求;被疏浚物质的物理性质;疏浚物最终处置地的位置及限制条件;疏浚作业点的风、浪和海况。目前港口施工可供选择的疏浚设备较多,各挖泥船施工时的环境影响程度也有较大差别,在满足施工要求的情况下,应尽量选择对环境影响小的设备。

七、施工期大气环境保护监理要点(JTS 252-1—2018 5.4.1)

(1)运输道路及时洒水,控制扬尘。

(2)粉状材料采用罐装或袋装,粉煤灰采用湿装湿运。

(3)控制粉状物料堆场扬尘,加蓬覆盖或洒水抑尘。

(4)沥青混凝土拌和场设置在环境敏感点下风向,并与敏感点保持不小于规定的距离。

(5)锅炉大气污染物排放浓度和烟囱高度达到相关排放标准的要求。

八、噪声环境保护监理要点(JTS 252-1—2018 5.5.1)

(1)控制施工噪声对附近集中居民点的影响,停止夜间高噪声作业的施工。

(2)对产生强烈噪声或振动的污染源按设计要求进行专项防治。

九、水下爆破施工的环境监理要点(JTS 252-1—2018 5.7.2)

(1)审查施工单位编制的水下爆破专项环境保护实施方案。

(2)监督施工单位在施工初期采用较小药量试爆,驱赶鱼类。

(3)在生态敏感水域施工时,对水下爆破施工时段进行监督,避开鱼类的洄游期、繁殖期。

(4)加强对爆破区附近水域鱼损情况的观察。

十、取弃土施工的环境监理要点(JTS 252-1—2018 5.7.3)

(1)结合实地踏勘,按照设计文件对取弃土场选址和范围进行识别和确认。

(2)取、弃土场不能占用森林、草地和湿地。

(3)监督施工单位对取土场进行必要的生态恢复。

(4)监督施工单位对弃土场采取防止水土流失的相应防护措施。

十一、临时用地的环境监理工作要点(JTS 252-1—2018　5.7.4)

(1)对临时用地可能涉及的生态敏感点进行识别和确认,避开各类生态敏感点。

(2)根据土地利用情况,向施工单位提出临时用地选址的限制性要求,并跟踪检查。

(3)监督检查施工单位在施工结束后将施工占用的农、林等生产用地恢复至原有的土地功能;

(4)监督施工单位对剥离的表层土予以保存,在施工后做好土地恢复;

(5)要求施工单位对植被的破坏以及恢复情况进行记录,记录采用 JTS 252-1—2018 中表A.0.8 的格式。

十二、环境污染事故处理程序(JTS 252-1—2018　5.8)

(1)施工过程中,环境监理人员应加强重点污染环节的检查控制,及时发现环境污染事故。

(2)发现事故后,环境监理人员应立即报告建设单位,书面通知施工单位暂停该工程的施工,并督促施工单位根据主管部门的意见,采取有效的环保措施。

(3)环境监理人员应审批施工单位事故处理方案,督促施工单位做好善后工作,对事故处理情况进行总结,并督促施工单位提交事故调查报告。污染事故报告应采用 JTS 252-1—2018 中表A.0.9-1 的格式,施工单位报送污染事故处理方案应采用 JTS 252-1—2018 中表 A.0.9-2 的格式。

(4)环境监理人员应积极参与和协助对污染事故进行的调查。

十三、项目监理机构对发生重大环境污染或生态破坏事故的处理(JTS 252—2015　5.5.14)

(1)总监理工程师应立即下达工程暂停令,并责令施工单位采取措施,防止环境污染或生态破坏事故扩大,同时向建设单位和有关主管部门报告。

(2)项目监理机构应配合有关部门对环境污染或生态破坏事故进行处理。

十四、项目监理机构的检查要点

(1)施工环境保护方案中污染防治措施的落实情况;

(2)生态保护、水土保持措施落实情况;

(3)污染物处理设施的运行维护情况。

十五、环境监理人员旁站的重要内容

(1)专项环境保护方案的实施过程;

(2)污染物排放量较大或排放浓度较高可能造成环境污染的施工过程;

(3)环境污染事故的整改过程。

十六、项目监理机构应检查的施工单位施工环境保护管理记录

(1)进场作业人员施工环境保护教育培训记录;

(2)施工环境保护交底记录；

(3)施工环境保护措施检查及整改复查记录；

(4)施工单位对施工环境保护措施执行情况的记录。

十七、环境保护专题会议应确定的内容

(1)环境保护实施方案；

(2)环境保护效果；

(3)设计变更对环境的影响变化及其完善的建议；

(4)重大环境保护问题的处理措施及相关工作安排等。

十八、水运工程水土流失的防治措施

1. 采用护岸工程防止水土流失

为保证防护效果,护岸工程设计时应遵循以下原则:根据海岸河岸动力特点进行防护,有利于岸滩稳定;减少水流(波浪)集中,避免相邻建筑物的连接处形成薄弱点;与邻近建筑物和环境相协调。

2. 对疏浚回填土进行处理

疏浚吹填时,为防止泥沙随排水流入海域(河道),在吹填区四周设置抛石围埝,让排水在吹填区内经过较长距离的沉淀过程后变得较为清澈,再从溢流口排出。吹填围埝应有闭水或过滤功能,以保证泥沙不经堰体泄漏;必要时,围埝外尤其是溢流口处可以再设置过滤网,进一步降低溢出水体的悬浮物浓度。陆域吹填需在围埝高出水(海)面后进行。另外,吹填完成后,在疏浚土固化过程中,做好围挡加固措施,防止水土流失。

第四节　交工及竣工验收环境监理

1. 环境监理资料(JTS 252-1—2018　6.1.2)

(1)监理规划；

(2)环境监理实施细则；

(3)环境监理所建立的施工标段环境管理台账及环境检查记录；

(4)环境监理所发整改通知单,签发的指令及回复单等；

(5)与建设单位、施工单位、设计单位往来的环境保护文件；

(6)与环境保护有关的会议记录和纪要；

(7)环境监理阶段总结,包括周报、月报、季报、年报等；

(8)环境监理工作总结报告；

(9)相关主管部门要求的其他资料。

2. 竣工验收前的环境监理(JTS 252-1—2018　6.2.1)

(1)定期检查施工单位对交工环境保护验收提出的环境保护遗留问题整改措施的落实情

况;根据工程具体情况对施工单位的整改计划做出调整,并督促实施。

(2)对环境保护设施试运行情况进行检查,未达到相关环境保护要求的,及时督促其整改。

(3)督促施工单位按合同及有关规定完成施工环境保护竣工资料的整理、归档,编写施工环境保护工作总结报告。

(4)整理完成环境监理竣工资料,并编写环境监理工作总结报告。

3. 交、竣工阶段及缺陷责任期的环境保护监理工作

(1)参加交工检查,确认现场清理工作、临时用地的恢复和取(弃)土场的复绿等是否达到环保要求。

(2)评估环保任务或环保目标的完成情况,对尚存的主要环境问题提出继续监测或处理的方案和建议。

(3)定期检查施工单位对环保遗留问题整改计划的实施,并根据工程具体情况,建议施工单位对整改计划进行调整。

(4)检查已实施的环保达标工程和环保工程,对交工验收后发生的环保问题或工程质量缺陷及时进行调查和记录,并指示施工单位进行环境恢复或工程修复。

(5)检查施工工单位的环保资料是否满足竣工环保验收的要求。

(6)整理施工环境保护监理竣工资料。

(7)参与竣工环境保护验收和水土保持验收。

第五节 文件与资料

1. 环境监理记录(JTS 252-1—2018 7.2.2)

(1)会议记录,包括第一次工地会议、平常工地会议、监理例会、工地协调及其他非例会会议的记录等;

(2)环境监理人员的日报表;

(3)环境监理日志,环境监理人员所负责的工地及其职责范围内环境监理的主要工作、每天工作的重大决定,对施工单位的环境保护指令,发生的污染纠纷及可能的解决办法等的记录;

(4)环境监理巡视记录,环境监理人员巡视现场时发现的主要环境问题及处理意见的记录;

(5)对施工单位的指令,环境监理人员发出的正式函件及口头指令,同时记录口头指令得到正式确认的方式和时间,体现在各种环境监理表格中的指令也要保留;

(6)施工单位有关环境保护的报告或请示,正式例行报告、报表、各种正式函件、口头承诺的记录等。

2. 环境监理月报(JTS 252-1—2018 7.2.3)

(1)本月工程进度概况;

(2)环境监理工作执行情况;

（3）环境监理现场监理及整改落实情况；

（4）下月集中整改问题及整改措施；

（5）下月环境监理工作计划。

3. 环境监理工作总结报告（JTS 252-1—2018　7.2.4）

（1）工程概况；

（2）工程主要环境影响；

（3）工程施工期环境监理开展情况；

（4）工程环境监理工作成果和取得的环境绩效。

第六节　相关法律法规

（1）建设项目中防治污染的设施，应当与主体工程同时设计、同时施工、同时投产使用。防治污染的设施应当符合经批准的环境影响评价文件的要求，不得擅自拆除或者闲置。（中华人民共和国环境保护法　第四十一条）

（2）排放污染物的企业事业单位和其他生产经营者，应当采取措施，防治在生产建设或者其他活动中产生的废气、废水、废渣、医疗废物、粉尘、恶臭气体、放射性物质以及噪声、振动、光辐射、电磁辐射等对环境的污染和危害。（中华人民共和国环境保护法　第四十二条）

（3）各级人民政府及其有关部门和企业事业单位，应当依照《中华人民共和国突发事件应对法》的规定，做好突发环境事件的风险控制、应急准备、应急处置和事后恢复等工作。

县级以上人民政府应当建立环境污染公共监测预警机制，组织制定预警方案；环境受到污染，可能影响公众健康和环境安全时，依法及时公布预警信息，启动应急措施。

企业事业单位应当按照国家有关规定制定突发环境事件应急预案，报环境保护主管部门和有关部门备案。在发生或者可能发生突发环境事件时，企业事业单位应当立即采取措施处理，及时通报可能受到危害的单位和居民，并向环境保护主管部门和有关部门报告。

突发环境事件应急处置工作结束后，有关人民政府应当立即组织评估事件造成的环境影响和损失，并及时将评估结果向社会公布。（中华人民共和国环境保护法　第四十七条）

（4）企业事业单位和其他生产经营者有下列行为之一，尚不构成犯罪的，除依照有关法律法规规定予以处罚外，由县级以上人民政府环境保护主管部门或者其他有关部门将案件移送公安机关，对其直接负责的主管人员和其他直接责任人员，处十日以上十五日以下拘留；情节较轻的，处五日以上十日以下拘留：

①建设项目未依法进行环境影响评价，被责令停止建设，拒不执行的；

②违反法律规定，未取得排污许可证排放污染物，被责令停止排污，拒不执行的；

③通过暗管、渗井、渗坑、灌注或者篡改、伪造监测数据，或者不正常运行防治污染设施等逃避监管的方式违法排放污染物的；

④生产、使用国家明令禁止生产、使用的农药，被责令改正，拒不改正的。（中华人民共和国环境保护法　第六十三条）

（5）直接向海洋排放污染物的单位和个人，必须按照国家规定缴纳排污费。依照法律规定缴纳环境保护税的,不再缴纳排污费。

向海洋倾倒废弃物,必须按照国家规定缴纳倾倒费。

根据本法规定征收的排污费、倾倒费,必须用于海洋环境污染的整治,不得挪作他用。具体办法由国务院规定。(中华人民共和国海洋环境保护法　第十二条)

(6)禁止向海域排放油类、酸液、碱液、剧毒废液和高、中水平放射性废水。

严格限制向海域排放低水平放射性废水;确需排放的,必须严格执行国家辐射防护规定。

严格控制向海域排放含有不易降解的有机物和重金属的废水。(中华人民共和国海洋环境保护法　第三十三条)

(7)新建、改建、扩建海岸工程建设项目,必须遵守国家有关建设项目环境保护管理的规定,并把防治污染所需资金纳入建设项目投资计划。

在依法划定的海洋自然保护区、海滨风景名胜区、重要渔业水域及其他需要特别保护的区域,不得从事污染环境、破坏景观的海岸工程项目建设或者其他活动。(中华人民共和国海洋环境保护法　第四十二条)

(8)海岸工程建设项目单位,必须对海洋环境进行科学调查,根据自然条件和社会条件,合理选址,编制环境影响报告书(表)。在建设项目开工前,将环境影响报告书(表)报环境保护行政主管部门审查批准。

环境保护行政主管部门在批准环境影响报告书(表)之前,必须征求海洋、海事、渔业行政主管部门和军队环境保护部门的意见。(中华人民共和国海洋环境保护法　第四十三条)

(9)兴建海岸工程建设项目,必须采取有效措施,保护国家和地方重点保护的野生动植物及其生存环境和海洋水产资源。

严格限制在海岸采挖砂石。露天开采海滨砂矿和从岸上打井开采海底矿产资源,必须采取有效措施,防止污染海洋环境。(中华人民共和国海洋环境保护法　第四十六条)

(10)港口、码头、装卸站以及从事船舶修造、打捞、拆解等作业活动的单位应当制定有关安全营运和防治污染的管理制度,按照国家有关防治船舶及其有关作业活动污染海洋环境的规范和标准,配备相应的防治污染设备和器材,并通过海事管理机构的专项验收。

港口、码头、装卸站以及从事船舶修造、打捞、拆解等作业活动的单位,应当定期检查、维护配备的防治污染设备和器材,确保防治污染设备和器材符合防治船舶及其有关作业活动污染海洋环境的要求。(防治船舶污染海洋环境管理条例　第十三条)

(11)专项规划的环境影响报告书应当包括下列内容:

①实施该规划对环境可能造成影响的分析、预测和评估。

②预防或者减轻不良环境影响的对策和措施。

③环境影响评价的结论。(中华人民共和国环境影响评价法　第十条)

(12)建设项目的环境影响报告书应当包括下列内容:

①建设项目概况;

②建设项目周围环境现状;

③建设项目对环境可能造成影响的分析、预测和评估;

④建设项目环境保护措施及其技术、经济论证;

⑤建设项目对环境影响的经济损益分析;

⑥对建设项目实施环境监测的建议;

⑦环境影响评价的结论。

环境影响报告表和环境影响登记表的内容和格式,由国务院生态环境主管部门制定。(中华人民共和国环境影响评价法 第十七条)

(13)建设单位向海洋行政主管部门提出海洋工程环境影响评价批准申请时,应当提交如下材料。

①书面申请文件;

②建设单位法人资格证明文件;

③环境影响评价单位的资质证明;

④海洋工程环境影响报告书(表)全本,以及用于公示的不包含国家秘密和商业秘密的海洋工程环境影响报告书;

⑤由具备向社会公开出具海洋调查、监测数据资质的单位提供的环境现状调查及监测数据资料(报告)汇编;

⑥根据有关法律法规要求应提交的其他材料。(海洋工程环境影响评价管理规定 第八条)

(14)环境影响报告书应当包括下列内容:

①工程概况、工程分析;

②工程所在海域环境现状和相邻海域开发利用情况;

③与海洋主体功能区规划、海洋功能区划、海洋环境保护规划、海洋生态红线制度等相关规划和要求的符合性分析;

④工程对海洋环境和海洋资源可能造成影响的分析、预测和评估;

⑤工程对相邻海域功能和其他开发利用活动影响的分析及预测;

⑥工程对海洋环境影响的经济损益分析和环境风险分析;

⑦工程生态用海方案(包括岸线利用、用海布局、生态修复与补偿、跟踪监测及监测能力建设等方案)的环境可行性分析;

⑧工程拟采取的包括清洁生产、污染物总量控制及生态保护措施在内的环境保护措施及其经济、技术论证;

⑨工程选址的环境可行性;

⑩环境影响评价综合结论。(海洋工程环境影响评价管理规定 第九条)

(15)海洋工程的环境影响报告书(表)经批准后,发生以下改变,且可能导致不利环境影响加重的,建设单位应当在变更内容实施前,重新编制、报批环境影响报告书(表):

①工程的选址(选线)、性质、规模、布局发生改变的;

②工程的生产工艺、建设方案发生改变的;

③防治污染、防止生态破坏的措施发生改变的。(海洋工程环境影响评价管理规定 第十九条)

参 考 文 献

[1] 中华人民共和国行业标准.水运工程标准施工招标文件:JTS 110-8—2008[S].北京:人民交通出版社,2008.

[2] 中华人民共和国行业标准.水运工程质量检验标准:JTS 257—2008[S].北京:人民交通出版社,2009.

[3] 中华人民共和国行业标准.码头结构施工规范:JTS 215—2018[S].北京:人民交通出版社股份有限公司,2017.

[4] 中华人民共和国行业标准.水运工程地基基础施工规范:JTS 206—2017[S].北京:人民交通出版社股份有限公司,2017.

[5] 中华人民共和国行业标准.水运工程爆破技术规范:JTS 204—2008[S].北京:人民交通出版社,2008.

[6] 中华人民共和国行业标准.水运工程结构防腐蚀施工规范:JTS 209—2020[S].北京:人民交通出版社股份有限公司,2020.

[7] 中华人民共和国行业标准.水运工程混凝土施工规范:JTS 202—2011[S].北京:人民交通出版社,2011.

[8] 中华人民共和国行业标准.水运工程静力触探技术规程:JTS/T 242—2020[S].北京:人民交通出版社股份有限公司,2020.

[9] 中华人民共和国行业标准.防波堤与护岸施工规范:JTS 208—2020[S].北京:人民交通出版社股份有限公司,2021.

[10] 中华人民共和国行业标准.航道整治工程施工规范:JTS 224—2016[S].北京:人民交通出版社股份有限公司,2016.

[11] 中华人民共和国行业标准.板桩码头设计与施工规范:JTS 167-3—2009[S].北京:人民交通出版社,2009.

[12] 中华人民共和国行业标准.水运工程测量规范:JTS 131—2012[S].北京:人民交通出版社,2013.

[13] 中华人民共和国行业标准.疏浚与吹填工程施工规范:JTS 207—2012[S].北京:人民交通出版社,2013.

[14] 中华人民共和国行业标准.疏浚与吹填工程设计规范:JTS 181-5—2012[S].北京:人民交通出版社,2013.

[15] 中华人民共和国行业标准.船闸工程施工规范:JTS 218—2014[S].北京:人民交通出版社股份有限公司,2015.

[16] 中华人民共和国行业标准.港口工程地基规范:JTS 147-1—2010[S].北京:人民交通出版社,2010.

[17] 中华人民共和国行业标准.港口工程桩基规范:JTS 167-4—2012[S].北京:人民交通出

版社,2012.

[18] 中华人民共和国行业标准.公路工程标准施工招标文件(2018 年版)[S].北京:人民交通出版社股份有限公司,2018.

[19] 中华人民共和国行业标准.水运工程工程量清单计价规范:JTS/T 271—2020[S].北京:人民交通出版社股份有限公司,2020.

[20] 中华人民共和国行业标准.水运工程施工环境监理规范:JTS 252-1—2018[S].北京:人民交通出版社股份有限公司,2018.

[21] 交通运输部职业资格中心.交通运输工程目标控制(基础知识篇)[M].北京:人民交通出版社股份有限公司,2021.